AF281023

# Gestión de equipos eficaces: Influir y motivar

Editado por:
EDITORIAL FAE, S.L.U.
Correo electrónico: editorial@editorialfae.com

**Gestión de equipos eficaces: Influir y motivar**
Elsa Rubio Dulce

1ª Edición

Se ha puesto el máximo empeño en ofrecer a la persona lectora una información completa y precisa. Sin embargo, Editorial FAE, S.L.U., no asume ninguna responsabilidad derivada de su uso ni tampoco de cualquier violación de patentes ni otros derechos de terceras partes que pudieran ocurrir. Esta publicación tiene por objeto proporcionar unos conocimientos precisos y acreditados sobre el tema tratado. Su venta no supone para el editor ninguna forma de asistencia legal, administrativa o de ningún otro tipo.

ISBN: 978-84-1135-389-2

Impreso en España

# Índice

## U. A. 4. Las emociones

## U. A. 5. ¿Qué entendemos por trabajo?

## U. A. 6. ¿Qué es la satisfacción laboral?

Introducción

Objetivos

1. Motivación y rendimiento
2. Prevención del fracaso
3. Destrezas motivacionales
4. Motivación externa e interna
5. Recompensas informales

RESUMEN

GLOSARIO

EJERCICIOS DE AUTOEVALUACIÓN

## U. A. 7. ¿Qué es la delegación?

Introducción

Objetivos

1. Delegar autoridad
2. El arte de la persuasión
3. ¿Cómo conseguir que se hagan las cosas?

RESUMEN

GLOSARIO

EJERCICIOS DE AUTOEVALUACIÓN

## U. A. 8. ¿Qué es el liderazgo?

## U. A. 9. ¿Qué es la comunicación?

## U. A. 10. ¿Qué es la comunicación?

## Aplicaciones prácticas

## Ejercicio de evaluación final

## Solucionario

## Bibliografía

# U. A. 1. Acciones para motivar al personal

## Introducción

La motivación del personal constituye un pilar fundamental en la gestión eficaz de los equipos de trabajo. Lejos de tratarse de una cualidad innata o espontánea, la motivación se construye mediante condiciones organizacionales que favorecen la implicación, el compromiso y el desarrollo de cada individuo. Las acciones destinadas a motivar deben entenderse como parte de una estrategia integral y coherente, que articule el reconocimiento, la participación, el desarrollo, la comunicación y el bienestar dentro de la cultura organizacional.

En este contexto, la persona trabajadora motivada no solo incrementa su rendimiento, sino que también contribuye a la mejora del clima laboral, la innovación y la sostenibilidad de los resultados a largo plazo. Las organizaciones que logran identificar y activar los diversos tipos de motivación, intrínseca y extrínseca, consiguen consolidar equipos más proactivos, colaborativos y resilientes.

## Objetivos

- Comprender el papel central de la motivación en la dinámica de los equipos de trabajo, diferenciando sus tipos y efectos en el rendimiento y el clima laboral.
- Identificar las principales acciones que fomentan la motivación del personal, tanto desde un enfoque extrínseco (incentivos, recompensas, reconocimiento) como intrínseco (autonomía, propósito, desarrollo personal).
- Diseñar estrategias motivacionales ajustadas al contexto y a las características del equipo, considerando factores individuales y organizacionales.
- Clasificar y aplicar acciones motivadoras en función de su naturaleza (reconocimiento, desarrollo, relacionales o estructurales), alineándolas con los objetivos de la organización.
- Valorar la importancia de una comunicación efectiva y un liderazgo cercano como facilitadores de la motivación y la implicación del personal.

# 1. Acciones para motivar

La **motivación** es un motor esencial del comportamiento humano en el entorno laboral. En la gestión de equipos, saber activar los factores que incitan a la acción y sostienen el esfuerzo permite crear entornos más productivos, participativos y satisfactorios.

*Fig. 1. Las acciones motivadoras no deben entenderse como incentivos aislados, sino como parte de una estrategia coherente que considera las necesidades, expectativas y valores de las personas*

La motivación en el entorno laboral no es un fenómeno espontáneo, sino el resultado de condiciones que se pueden fomentar mediante acciones concretas. Un equipo motivado muestra mayor implicación, persistencia ante las dificultades, creatividad, cooperación y disposición al aprendizaje. La clave reside en identificar qué factores movilizan a las personas y en aplicar estrategias que respondan a esas necesidades.

Aunque no existe una única fórmula válida para todos los equipos o contextos, se pueden identificar acciones recurrentes que favorecen la motivación de forma eficaz y sostenible.

Algunas de las medidas más efectivas para fomentar la motivación entre los miembros de un equipo son las siguientes:

- **Reconocer y valorar el trabajo bien hecho**, tanto de forma individual como colectiva.

- **Fomentar la participación** en la toma de decisiones, permitiendo que las personas se sientan escuchadas y tenidas en cuenta.
- **Ofrecer oportunidades de desarrollo profesional**, como formación, nuevas responsabilidades o itinerarios de crecimiento interno.
- **Proporcionar autonomía** en la ejecución de las tareas, evitando el control excesivo o la microgestión.
- **Establecer objetivos claros y alcanzables**, que generen una sensación de progreso y logro.
- **Facilitar la conciliación laboral y personal**, creando un entorno de trabajo más humano y sostenible.
- **Mantener una comunicación abierta, fluida y bidireccional**, que genere confianza y cercanía.
- **Cuidar el ambiente laboral**, promoviendo el respeto, la colaboración y el buen trato entre compañeros.

 Ejemplo

En una pequeña empresa de diseño gráfico, la dirección decide implementar un sistema mensual de reconocimiento interno donde cada empleado puede nominar a un compañero por su esfuerzo o creatividad. Al cabo de unos meses, se observa una mejora significativa en la colaboración entre departamentos y un aumento de la satisfacción general, evidenciando cómo una acción sencilla y constante puede generar impacto motivacional.

Para implementar acciones efectivas, es útil diferenciar entre dos grandes tipos de motivación:

| Tipo de motivación | Características principales | Ejemplos de aplicación |
|---|---|---|
| **Motivación extrínseca** | Proviene de factores externos al individuo. Se basa en recompensas o consecuencias. | Bonificaciones, ascensos, premios, reconocimientos públicos. |
| **Motivación intrínseca** | Surge del interior del trabajador. Está vinculada al interés, la satisfacción y el sentido del trabajo. | Desafíos interesantes, autonomía, sentido de propósito, mejora continua. |

Ambas dimensiones son necesarias y complementarias. Un entorno motivador combina **incentivos tangibles** con condiciones que permitan a las personas sentirse útiles, capaces y conectadas con el propósito de su labor.

## Anotación

Las acciones motivadoras pierden efectividad si no se adaptan a las características individuales del equipo. Es importante conocer las motivaciones personales, evitando asumir que lo que funciona para uno será útil para todos.

Según el objetivo específico que se persiga, las acciones de motivación pueden clasificarse en cuatro grandes grupos:

- **Acciones de reconocimiento**: Premiar logros, destacar esfuerzos, dar feedback positivo.
- **Acciones de desarrollo**: Formación, promoción interna, ampliación de funciones.
- **Acciones relacionales**: Mejora del clima de trabajo, impulso del trabajo colaborativo, liderazgo cercano.
- **Acciones estructurales**: Mejora de condiciones laborales, flexibilidad horaria, claridad de objetivos y funciones.

Esta clasificación permite al responsable de equipo planificar intervenciones más equilibradas, combinando acciones inmediatas con otras de efecto más duradero.

## Ejemplo

En una empresa de logística, el responsable de almacén implementa rotaciones voluntarias entre tareas más mecánicas y otras más analíticas. A quienes muestran interés, se les asigna también un pequeño proyecto de mejora en la organización del stock. Esta combinación de reconocimiento, desarrollo y autonomía mejora la motivación del equipo operativo.

# Resumen

La motivación del personal es un elemento estratégico en la gestión eficaz de los equipos de trabajo. No es una cualidad espontánea, sino una construcción organizacional que se nutre de la cultura, la comunicación, el reconocimiento y las oportunidades de desarrollo. Un entorno laboral motivador favorece la implicación, el rendimiento, la innovación y la satisfacción de las personas trabajadoras.

Las acciones de motivación deben abordarse desde un enfoque integral, que combine estímulos externos e internos. La motivación extrínseca, basada en recompensas como incentivos, reconocimientos o promociones, debe complementarse con la motivación intrínseca, que se fundamenta en el interés personal, la autonomía y el sentido del propósito. Solo un equilibrio entre ambas logra un compromiso duradero.

Para implementar estas acciones de forma eficaz, se propone clasificarlas en cuatro tipos: reconocimiento (elogios, recompensas), desarrollo (formación, promoción interna), relacionales (mejora del clima y liderazgo cercano) y estructurales (mejoras en condiciones de trabajo, conciliación, claridad de funciones). Cada equipo requiere un enfoque adaptado, considerando las motivaciones particulares de sus miembros y el contexto laboral.

La motivación no se improvisa: se planifica, se cuida y se ajusta con inteligencia emocional y liderazgo. Las organizaciones que logran activar motivaciones diversas crean equipos resilientes, creativos y comprometidos.

# Glosario

**Autonomía:**

Capacidad para tomar decisiones y ejecutar tareas sin supervisión constante, lo que fortalece la motivación y el compromiso.

**Clima laboral:**

Percepción compartida del ambiente de trabajo, influida por la comunicación, el liderazgo y las relaciones entre compañeros.

**Microgestión:**

Estilo de supervisión basado en el control excesivo, que suele reducir la motivación y la creatividad del personal.

**Motivación**

Impulso interno o externo que lleva a una persona a actuar hacia un objetivo determinado. En el ámbito laboral, está vinculada al compromiso, la implicación y el rendimiento.

**Motivación extrínseca**

Motivación que proviene de factores externos como recompensas, reconocimientos, bonificaciones o promociones.

**Motivación intrínseca**

Tipo de motivación que surge del interior de la persona, relacionada con el interés, el propósito o la satisfacción personal por la tarea en sí.

**Reconocimiento**

Acción de valorar y expresar aprecio por el esfuerzo o los logros de una persona, fundamental para mantener la motivación.

# Ejercicios de autoevaluación

**1. ¿Qué se entiende por motivación intrínseca?**

    a. La motivación impulsada por premios económicos.

    b. La necesidad de reconocimiento público.

    c. El impulso interno basado en el interés y propósito del trabajo.

    d. El miedo a sanciones disciplinarias.

**2. ¿Cuál de estas acciones pertenece al grupo de acciones estructurales?**

    a. Recompensas económicas.

    b. Asignación de tareas creativas.

    c. Flexibilidad horaria.

    d. Reconocimiento verbal por parte del líder.

**3. La microgestión afecta negativamente a la motivación porque:**

    1. Mejora la productividad a corto plazo.

    2. Aumenta el control y la supervisión.

    3. Se adapta a todos los equipos.

    4. Reduce la autonomía y la creatividad.

**4. ¿Qué acción se clasifica como acción relacional?**

    a. Curso de formación técnica.

    b. Recompensa por objetivos cumplidos.

    c. Mejora del clima de trabajo.

    d. Ampliación del horario laboral.

**5. ¿Cuál es una característica de la motivación extrínseca?**

    a. Se basa en recompensas externas.

    b. Está relacionada con la mejora personal.

    c. Nace del interés por aprender.

    d. Tiene una base emocional interna.

**6. ¿Cuál de las siguientes acciones motiva por desarrollo?**

    a. Bonificación por puntualidad.

    b. Acceso a un curso de liderazgo.

    c. Reconocimiento público.

    d. Mejora en la iluminación del entorno.

**7. Una estrategia eficaz para mejorar la motivación en un equipo es:**

    a. Aumentar el control del supervisor.

    b. Imponer tareas repetitivas.

    c. Permitir participación en decisiones.

    d. Eliminar reuniones periódicas.

**8. ¿Qué define mejor el concepto de clima laboral?**

    a. Las horas de trabajo establecidas.

    b. La percepción compartida del ambiente en el trabajo.

    c. El rendimiento de cada empleado.

    d. La estructura organizativa formal.

**9. ¿Qué factor favorece la motivación intrínseca?**

    a. Incentivos económicos por objetivos.

    b. Reconocimientos en actos públicos.

    c. Tareas con propósito personal y autonomía.

    d. Evaluaciones mensuales del rendimiento.

**10.¿Por qué es importante adaptar las acciones motivadoras?**

    a.  Para estandarizar procedimientos.

    b.  Para ahorrar en recursos humanos.

    c.  Para evitar rotación de personal.

    d.  Porque cada persona tiene motivaciones distintas.

*U. A. 1. Acciones para motivar al personal*

# U. A. 2. Enriquecimiento y alargamiento del trabajo

## Introducción

El modo en que se diseña y organiza el trabajo incide directamente en la motivación, el compromiso y la productividad de las personas dentro de una organización. En este sentido, las estrategias de enriquecimiento y alargamiento del trabajo buscan otorgar un mayor sentido, diversidad y autonomía a las tareas laborales, evitando la rutina y promoviendo la implicación.

Estas estrategias se articulan a través de elementos como el contrato emocional, los modelos de organización, la cultura corporativa y la fijación de objetivos. Cada uno de estos aspectos configura las condiciones en las que las personas trabajan, determinando no solo su rendimiento, sino también su grado de satisfacción y pertenencia a la organización.

El enfoque moderno en gestión de equipos reconoce que las personas no solo responden a incentivos económicos o estructurales, sino también a aspectos intangibles como la confianza, la coherencia organizativa y la oportunidad de desarrollar su potencial dentro de entornos alineados con sus valores.

## Objetivos

- Comprender los conceptos de enriquecimiento y alargamiento del trabajo como herramientas para mejorar la implicación y satisfacción laboral.
- Identificar la importancia del contrato emocional en las relaciones laborales, diferenciándolo del contrato formal y analizando sus efectos sobre la motivación.
- Analizar diferentes modelos de organización del trabajo, valorando sus ventajas e inconvenientes en función de la estructura, el contexto y la cultura organizativa.
- Interpretar el papel de la cultura organizacional como marco de referencia que condiciona la conducta, las relaciones internas y la gestión de equipos.
- Aplicar la metodología SMART para la fijación de objetivos eficaces, alineando las metas individuales y colectivas con los fines estratégicos de la organización.

# 1. El contrato emocional

El diseño de los puestos de trabajo influye directamente en la percepción que los empleados tienen sobre su rol y en su nivel de implicación.

*Fig. 1. Las estrategias de enriquecimiento y alargamiento del trabajo buscan ofrecer mayor variedad, autonomía, significado y proyección al desempeño profesional, mejorando tanto la calidad de vida laboral como los resultados organizacionales*

Más allá del contrato formal, regulado por la legislación laboral, en toda relación profesional existe un componente implícito de compromisos no escritos conocido como contrato emocional. Este contrato incluye expectativas, valores compartidos, normas informales y compromisos mutuos que no aparecen en ningún documento oficial, pero que condicionan profundamente la conducta, la implicación y la permanencia de los trabajadores en la organización.

El contrato emocional se construye desde la percepción subjetiva de cada persona sobre cómo debería ser tratada por la empresa: reconocimiento, respeto, desarrollo profesional, estabilidad, justicia en las decisiones, entre otros. Cuando estas expectativas son satisfechas, se fortalece el vínculo emocional con la organización, favoreciendo la motivación y el sentido de pertenencia.

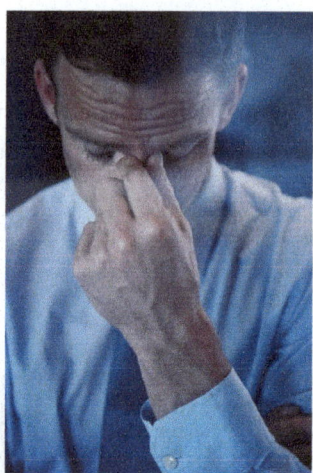

*Fig. 2. Si se vulneran las expectativas de manera reiterada, el impacto puede ser mayor que una infracción contractual formal, provocando desmotivación, desconfianza o incluso abandono del puesto*

 **Ejemplo**

Una empresa promete internamente que el esfuerzo adicional durante un periodo de gran carga de trabajo se compensará con días libres. Sin embargo, tras el cumplimiento de los objetivos, la dirección cancela esa medida. Aunque no haya un incumplimiento legal, se ha roto el contrato emocional: el equipo percibe una falta de coherencia y pierde confianza en la palabra de sus superiores.

Es importante señalar que este contrato no es estático. Evoluciona con la experiencia, el ciclo vital del trabajador y los cambios en la empresa. Por eso, los líderes deben prestar atención constante a las señales de deterioro o fortalecimiento del vínculo emocional. Una escucha activa, la coherencia entre el discurso y las acciones, y el cumplimiento de las promesas tácitas contribuyen a preservar este contrato silencioso pero decisivo.

**Anotación**

Una organización que cuida su contrato emocional puede prevenir conflictos, reducir la rotación de personal y reforzar la cultura de compromiso. Ignorar su existencia es uno de los errores más comunes en la gestión de personas.

## 2. Modelos de organización

Las estructuras organizativas determinan cómo se distribuyen las funciones, cómo fluye la información y qué nivel de autonomía y responsabilidad tienen los miembros de un equipo. El modelo adoptado no solo responde a razones operativas, sino que influye directamente en la motivación, la eficiencia y la cohesión interna.

Entre los principales modelos organizativos se encuentran:

- El modelo jerárquico tradicional, basado en una cadena de mando vertical y clara, en el que cada nivel tiene autoridad sobre el siguiente. Este modelo facilita el control, pero puede limitar la creatividad y la iniciativa.
- El modelo funcional, que organiza a los empleados en departamentos especializados según sus competencias técnicas. Fomenta la especialización, aunque puede generar barreras entre áreas.
- El modelo matricial, que combina jerarquías funcionales y por proyectos. Permite mayor flexibilidad y colaboración, pero exige una buena coordinación para evitar conflictos de autoridad.
- El modelo horizontal o plano, donde se reduce al mínimo la jerarquía, promoviendo la autonomía, la autorresponsabilidad y el trabajo en equipo. Funciona bien en contextos ágiles e innovadores, aunque puede dificultar la toma de decisiones en situaciones complejas.
- El modelo en red, cada vez más presente en organizaciones que funcionan por nodos o unidades autónomas que cooperan entre sí. Este enfoque se adapta bien a entornos digitales, multiculturales o deslocalizados.

Ejemplo

Una startup tecnológica decide adoptar un modelo horizontal, donde los equipos tienen autonomía para definir tareas y tiempos. La libertad inicial motiva a muchos empleados, pero a medida que crecen, detectan la necesidad de introducir ciertos roles de coordinación para no perder foco ni duplicar esfuerzos. Esta experiencia muestra que ningún modelo es perfecto, sino que debe adaptarse a la realidad de cada organización.

La elección del modelo organizativo debe tener en cuenta la cultura de la empresa, el tipo de actividad, el perfil del equipo humano y los objetivos estratégicos. Además, es recomendable revisar periódicamente su adecuación, ya que las estructuras demasiado rígidas o desfasadas suelen convertirse en frenos para la motivación y la innovación.

Anotación

La tendencia actual en muchas organizaciones es hacia modelos híbridos que integran jerarquía para la toma de decisiones estratégicas, pero conceden autonomía táctica a los equipos. Este enfoque busca combinar claridad organizativa con capacidad de adaptación.

# 3. Cultura organizacional

La cultura organizacional es el conjunto de valores, creencias, normas, símbolos y prácticas que comparten los miembros de una organización y que orientan su comportamiento diario.

*Fig. 3. Aunque a menudo resulta invisible, la cultura organizacional actúa como un sistema operativo que guía decisiones, define lo aceptable y moldea las relaciones dentro del equipo*

Esta cultura no se reduce a lo que aparece en documentos oficiales, sino que se manifiesta en elementos cotidianos como el tono de los correos, la forma de resolver conflictos, el estilo de liderazgo, o cómo se celebra el éxito. Tiene un poder determinante sobre la motivación y el compromiso del personal, ya que genera un entorno que puede ser inspirador o frustrante, inclusivo o jerárquico, flexible o rígido.

En dos empresas del mismo sector, una valora la puntualidad extrema y la obediencia a las jerarquías, mientras que la otra premia la innovación y la iniciativa personal. Aunque ambas ofrecen condiciones laborales similares, los perfiles de empleados que prosperan en cada una son muy distintos, porque responden a culturas organizacionales diferentes.

La cultura se construye a lo largo del tiempo y se transmite tanto de forma formal (manuales, valores corporativos, códigos de conducta) como informal (lenguaje compartido, rutinas, ritos internos). Un elemento importante en su configuración es el comportamiento de los líderes, que actúan como modelos visibles.

*Fig. 4. Si lo que se promueve y lo que se practica entran en contradicción, se produce desconfianza y deterioro cultural*

Entre los elementos fundamentales de toda cultura organizacional destacan:

- El **sentido de pertenencia** y el orgullo de formar parte de la organización.
- La **coherencia entre valores declarados y prácticas reales**.
- La **comunicación informal y los relatos compartidos** (anécdotas, ejemplos de conducta premiada).
- Las **normas tácitas** que definen lo que "se puede" o "no se puede" hacer, aunque no esté escrito.

## Recuerda

Una cultura positiva no implica ausencia de normas, sino que las normas se interiorizan y se aceptan como propias, porque resuenan con los valores de quienes trabajan en la organización.

Cultivar una cultura organizacional saludable requiere coherencia, escucha activa, revisión periódica y alineación con los objetivos estratégicos. Es también una herramienta poderosa para atraer talento afín y fortalecer el desempeño colectivo.

# 4. Fijación de objetivos

La **fijación de objetivos** es una herramienta para orientar la acción individual y colectiva, generar compromiso y dar sentido al esfuerzo.

*Fig. 5. Cuando los objetivos están bien definidos, las personas saben qué se espera de ellas, pueden medir su progreso y sienten que su contribución es significativa*

Una de las metodologías más extendidas en este ámbito es el modelo **SMART**, que establece que los objetivos deben ser:

- **S** (Específicos): claros y concretos, sin ambigüedad.
- **M** (Medibles): con indicadores que permitan evaluar el grado de cumplimiento.
- **A** (Alcanzables): realistas, considerando los recursos disponibles.
- **R** (Relevantes): alineados con las metas generales de la organización.
- **T** (Temporales): definidos en el tiempo, con plazos claros.

Ejemplo

En lugar de establecer "mejorar la atención al cliente", un objetivo SMART sería: "Reducir en un 20% el número de reclamaciones en el servicio de atención al cliente antes del 31 de diciembre mediante una nueva formación en gestión de incidencias".

Además de ser bien formulados, los objetivos deben compartirse y comprenderse por parte de los equipos. Cuando los objetivos son impuestos sin participación, pueden generar rechazo o desmotivación. En cambio, si se construyen de forma participativa, refuerzan el compromiso y la sensación de pertenencia.

Otra dimensión importante es el seguimiento de los objetivos. No basta con fijarlos; es necesario revisarlos, valorar los avances, corregir desviaciones y, si es el caso, redefinirlos en función del contexto cambiante. Este proceso continuo refuerza la responsabilidad y permite reconocer el esfuerzo de forma oportuna.

**Ejemplo**

En una empresa de distribución, se fija como objetivo colectivo "entregar el 95% de los pedidos a tiempo durante el primer trimestre". Se hace un seguimiento semanal compartido, donde se detectan incidencias, se proponen mejoras y se reconocen avances. El resultado es un mejor índice de entregas y un equipo más cohesionado y motivado.

Por último, es recomendable combinar objetivos **cuantitativos** (resultados, cifras, indicadores) con otros **cualitativos** (mejora del clima, satisfacción del cliente, desarrollo profesional), para abarcar una visión más completa del rendimiento y del crecimiento de la organización.

# Resumen

El diseño del trabajo influye decisivamente en la implicación y satisfacción del personal. Para evitar la rutina y fomentar el compromiso, se aplican estrategias como el enriquecimiento y el alargamiento del trabajo, que introducen variedad, autonomía y sentido al desempeño. Estas estrategias no solo mejoran los resultados, sino también la calidad de vida laboral, al vincular más estrechamente a las personas con los valores y objetivos de la organización.

Uno de los conceptos clave en este contexto es el contrato emocional, un acuerdo implícito que engloba expectativas no escritas como el respeto, la coherencia o la justicia. Aunque no figure en el contrato legal, su cumplimiento o vulneración afecta profundamente la motivación y la permanencia en la empresa. Cuidar este vínculo exige atención, coherencia entre el discurso y los hechos, y una gestión emocional responsable.

El modelo organizativo también condiciona el entorno motivacional. Existen diferentes estructuras como la jerárquica, funcional, matricial, horizontal o en red. Cada una presenta ventajas e inconvenientes según el contexto, y su elección debe adaptarse a la cultura de la organización, el tipo de trabajo y el perfil del equipo. Hoy en día, muchas empresas optan por modelos híbridos que combinan jerarquía y autonomía.

La cultura organizacional actúa como sistema operativo invisible que guía las relaciones, la conducta y las decisiones. Va más allá de lo formal, manifestándose en rutinas, comunicación y comportamientos cotidianos. Una cultura coherente y saludable refuerza el sentido de pertenencia y el compromiso. Los líderes, mediante su ejemplo, son piezas clave para construir o erosionar esa cultura.

Por último, la fijación de objetivos, especialmente si se aplica la metodología SMART (Específicos, Medibles, Alcanzables, Relevantes y Temporales), permite dar dirección y sentido al trabajo. Si los objetivos se definen de forma clara y participativa, motivan más y favorecen la alineación con la estrategia organizativa. El seguimiento y la revisión constante son fundamentales para mantener la motivación y reconocer avances.

# Glosario

**Alargamiento del trabajo**

Técnica que amplía el número de tareas realizadas por una persona, favoreciendo la variedad y reduciendo la monotonía.

**Contrato emocional**

Conjunto de expectativas no escritas que las personas tienen sobre su relación con la organización. Su cumplimiento o incumplimiento afecta la motivación y la permanencia.

**Cultura organizacional**

Conjunto de valores, normas, hábitos y símbolos compartidos que determinan el comportamiento dentro de una empresa.

**Enriquecimiento del trabajo**

Estrategia que consiste en aumentar el contenido y la complejidad de las tareas para hacerlas más motivadoras y significativas.

**Modelo organizativo**

Estructura que define cómo se organizan las funciones, la autoridad y la comunicación dentro de una organización.

**Objetivos SMART**

Metodología para definir metas que sean Específicas, Medibles, Alcanzables, Relevantes y Temporales.

# Ejercicios de autoevaluación

**1. ¿Cuál es el principal objetivo del enriquecimiento del trabajo?**

a. Aumentar el número de tareas repetitivas.

b. Reducir la jornada laboral.

c. Aumentar el contenido y la complejidad de las tareas.

d. Introducir supervisión constante.

**2. ¿Qué caracteriza al contrato emocional?**

a. Es un documento firmado por ambas partes.

b. Se refiere a la duración del contrato laboral.

c. Recoge expectativas no escritas entre la persona y la organización.

d. Está regulado por el convenio colectivo.

**3. ¿Qué efecto puede tener el incumplimiento del contrato emocional?**

a. Desmotivación y pérdida de confianza.

b. Incremento de la productividad.

c. Mejora del clima laboral.

d. Reducción del salario base.

**4. ¿Qué modelo organizativo favorece la especialización técnica?**

a. Modelo horizontal.

b. Modelo funcional.

c. Modelo en red.

d. Modelo matricial.

**5. ¿Cuál de los siguientes modelos combina jerarquía funcional y proyectos?**

a. Jerárquico tradicional.

b. En red.

c. Matricial.

d. Horizontal.

**6. ¿Qué elemento distingue a la cultura organizacional?**

a. Las condiciones salariales.

b. Los valores, normas y prácticas compartidas.

c. La edad media del personal.

d. El volumen de facturación.

**7. ¿Por qué es importante la coherencia en la cultura organizacional?**

a. Porque facilita los despidos.

b. Porque refuerza la confianza y el sentido de pertenencia.

c. Porque reduce el número de reuniones.

d. Porque evita la rotación externa.

**8. ¿Qué característica define un objetivo SMART?**

a. Establecido por la dirección sin consultar al equipo.

b. Basado solo en resultados cualitativos.

c. Modificable según la opinión del cliente.

d. Específico, medible, alcanzable, relevante y temporal.

**9. ¿Qué ventaja aporta la fijación de objetivos participativa?**

a. Incrementa la autoridad del líder.

b. Reduce los conflictos contractuales.

c. Refuerza el compromiso y la motivación.

d. Sustituye los incentivos económicos.

**10.¿Qué tipo de objetivo sería reducir en un 15% los errores de facturación antes del 30 de junio?**

a. Objetivo cualitativo.

b. Objetivo SMART.

c. Objetivo subjetivo.

d. Objetivo de clima laboral.

# U. A. 3. La influencia y la motivación

## Introducción

La capacidad de influir positivamente en otras personas es una de las competencias clave en la gestión de equipos. Esta influencia no se basa en la autoridad jerárquica, sino en la habilidad para despertar la motivación, generar confianza y alinear voluntades hacia objetivos compartidos. En este sentido, la motivación se convierte en una herramienta estratégica de liderazgo que debe comprenderse, gestionarse y adaptarse a los diferentes perfiles y situaciones del entorno laboral.

Los enfoques teóricos sobre la motivación han evolucionado desde modelos mecánicos hasta teorías complejas que integran aspectos emocionales, sociales y cognitivos. Comprender estos modelos, junto con las expectativas individuales, el ciclo motivacional y el papel del aprendizaje, permite diseñar entornos organizativos donde las personas se sientan reconocidas, desafiadas y alineadas con un propósito.

Un liderazgo motivacional efectivo no se impone: se construye mediante la coherencia, el ejemplo, el reconocimiento de las necesidades y el refuerzo positivo de las conductas deseadas.

## Objetivos

- Analizar los principales modelos teóricos de motivación (Maslow, Herzberg, McGregor, Adams), interpretando su aplicación práctica en entornos laborales actuales.
- Comprender la teoría de la expectativa de Vroom y su utilidad para diagnosticar y mejorar la motivación en los equipos de trabajo.
- Identificar las fases del ciclo motivacional y detectar los factores que pueden favorecer o bloquear el impulso hacia la acción en un entorno profesional.
- Valorar la influencia del aprendizaje en la motivación, reconociendo el impacto del refuerzo, la observación y la autoeficacia en el desarrollo de actitudes motivadas.
- Aplicar estrategias de liderazgo basadas en la influencia positiva y el refuerzo constructivo, orientadas a generar compromiso, crecimiento y bienestar en el equipo.

# 1. Modelos históricos de motivación

La capacidad de **influir** en los demás, entendida como una habilidad comunicativa y estratégica, es fundamental para lograr la adhesión voluntaria a los objetivos comunes.

*Fig. 1. La motivación se convierte en una herramienta de liderazgo que no se impone, sino que se despierta a través del ejemplo, la coherencia, la persuasión y el reconocimiento de los procesos individuales*

A lo largo del tiempo, diversos autores han intentado explicar qué impulsa a las personas a actuar, trabajar y esforzarse. Estos **modelos históricos de motivación** han evolucionado desde enfoques puramente económicos o mecánicos hasta perspectivas más integradoras que consideran las emociones, las necesidades sociales o la autorrealización.

Entre los principales modelos históricos que han influido en la gestión de personas se encuentran:

- **Teoría de Maslow (Jerarquía de necesidades)**: Propone que las personas se motivan al satisfacer una serie de necesidades ordenadas en cinco niveles, desde las más básicas (fisiológicas) hasta las más elevadas (autorrealización). Según esta teoría, no se puede acceder a un nivel superior si no se ha satisfecho el anterior.

**Ejemplo**

Si un trabajador tiene un salario insuficiente para cubrir sus gastos básicos (necesidad fisiológica), difícilmente estará motivado por un reconocimiento público o una promoción (necesidad de estima o autorrealización).

- **Teoría de Herzberg (Factores higiénicos y motivacionales)**: Diferencia entre factores que generan insatisfacción si faltan (salario, condiciones laborales, seguridad) y factores que realmente motivan (reconocimiento, logros, crecimiento profesional). Según esta teoría, eliminar la insatisfacción no garantiza la motivación: esta requiere de elementos activos.
- **Teoría X e Y de McGregor**: Plantea dos visiones opuestas del ser humano en el trabajo. La Teoría X asume que las personas evitan el trabajo y necesitan control constante. En cambio, la Teoría Y sostiene que las personas pueden encontrar satisfacción en su trabajo y autogestionarse si se les da la oportunidad. Esta última visión favoreció el desarrollo de estilos de liderazgo participativos.
- **Teoría de la equidad (Adams)**: Sostiene que las personas comparan su esfuerzo y recompensas con los de otros. Si perciben desequilibrios (por ejemplo, que otros reciben más por el mismo trabajo), se genera desmotivación. La percepción de justicia es importante en la motivación laboral.

**Recuerda**

Aunque estos modelos tienen limitaciones y han sido matizados por teorías más recientes, siguen siendo útiles como referencia para comprender los fundamentos de la motivación humana y sus implicaciones prácticas en las organizaciones.

Cada modelo ofrece una lente distinta que ayuda a interpretar comportamientos, identificar causas de desmotivación y diseñar estrategias adaptadas a las características del equipo y del contexto.

## 2. Las expectativas

Una de las teorías más influyentes para comprender la motivación en contextos laborales es la Teoría de la Expectativa, desarrollada por Victor Vroom. Esta teoría sostiene que las personas se motivan en función de lo que esperan que ocurra como consecuencia de su esfuerzo. Es decir, no basta con querer algo: es necesario creer que es posible alcanzarlo y que el resultado valdrá la pena.

La motivación, según este modelo, depende de tres variables:

- **Expectativa**: creencia de que el esfuerzo conducirá a un buen rendimiento. Si una persona cree que por mucho que se esfuerce no logrará resultados, su motivación será baja.
- **Instrumentalidad**: creencia de que el buen rendimiento será recompensado. Si no se percibe una relación directa entre hacerlo bien y recibir un beneficio, el vínculo motivador se debilita.
- **Valencia**: valor que la persona otorga a la recompensa. No todas las personas desean lo mismo; una recompensa puede ser valiosa para unos e irrelevante para otros.

Ejemplo

Un empleado trabaja en un proyecto complejo. Cree que si se esfuerza, podrá completarlo con éxito (expectativa). También sabe que su jefe valorará ese logro y le propondrá para una promoción (instrumentalidad). Además, valora mucho esa oportunidad porque desea progresar en la empresa (valencia). En ese caso, la motivación será alta.

Esta teoría resalta la importancia de alinear las percepciones de los trabajadores con las condiciones reales de la organización.

*Fig. 2. Muchas veces, la desmotivación no proviene de la falta de incentivos, sino de la falta de claridad, de reconocimiento o de equidad en el sistema de recompensas*

En un departamento comercial, los empleados no participan en los beneficios a pesar de superar los objetivos mensuales. Aunque se les pide más esfuerzo, muchos no responden con mayor dedicación porque no perciben una relación directa entre rendimiento y recompensa. Aquí, el fallo no está en la capacidad, sino en la expectativa.

Por tanto, una estrategia motivadora eficaz debe trabajar sobre estas tres dimensiones: asegurar que el esfuerzo tiene sentido, que hay reconocimiento por el logro y que las recompensas son valoradas y justas.

# 3. El ciclo motivacional

La motivación no es un estado estático, sino un proceso dinámico que se activa, mantiene y, en algunos casos, se agota o se reorienta. Este proceso puede representarse mediante el ciclo motivacional, una secuencia de etapas que explican cómo surge la conducta orientada a objetivos.

El ciclo motivacional se desarrolla a través de los siguientes momentos:

1. **Aparición de una necesidad**: Todo comienza con la percepción de una carencia o desequilibrio (fisiológico, emocional, profesional, social, etc.). Esta necesidad genera un impulso interno.

2. **Tensión**: La necesidad no cubierta genera una sensación de incomodidad o urgencia que activa la búsqueda de satisfacción.

3. **Conducta dirigida a un objetivo**: La persona actúa para satisfacer esa necesidad, ya sea a través de una estrategia directa o de una conducta adaptativa.

4. **Satisfacción de la necesidad**: Si el objetivo se alcanza, la tensión desaparece y se restablece el equilibrio interno.

5. **Estado de equilibrio temporal**: Tras la satisfacción, la motivación disminuye hasta que aparece una nueva necesidad, reiniciando el ciclo.

**Ejemplo**

Un trabajador siente que no tiene reconocimiento por su esfuerzo (necesidad). Esta situación le genera frustración (tensión) y lo impulsa a conversar con su responsable o a buscar oportunidades en otro departamento (conducta dirigida). Si logra obtener más visibilidad y reconocimiento (satisfacción), se sentirá más motivado y permanecerá en su puesto (equilibrio temporal).

Este ciclo puede interrumpirse o fallar en distintas fases. Por ejemplo, si la persona no identifica con claridad su necesidad, si no ve opciones realistas para satisfacerla o si el resultado de su esfuerzo no cumple con sus expectativas. En todos estos casos, la motivación se deteriora.

**Anotación**

Comprender el ciclo motivacional ayuda a los responsables de equipo a detectar en qué punto se bloquea el impulso de sus colaboradores y cómo intervenir: ajustando objetivos, mejorando la comunicación o reconociendo logros no visibles.

El ciclo motivacional también está influido por factores personales (autoestima, experiencia previa, valores) y contextuales (clima laboral, apoyo del entorno, recursos disponibles). Por ello, no todas las personas responden igual ante estímulos similares.

## 4. El aprendizaje de la motivación

La motivación también se aprende. Aunque existen diferencias individuales de base (personalidad, historia, entorno), gran parte de las actitudes motivacionales se forman a partir de experiencias, refuerzos, modelos de referencia y aprendizajes adquiridos a lo largo del tiempo. Esta dimensión aprendida de la motivación permite intervenir sobre ella de forma estratégica, tanto en el ámbito individual como en el organizacional.

Entre los mecanismos a través de los cuales se adquiere o se refuerza la motivación destacan:

- **Condicionamiento operante**: según B.F. Skinner, las conductas que son recompensadas tienden a repetirse, mientras que las que no obtienen resultados o son castigadas tienden a desaparecer.

*Fig. 3. Un entorno con feedback positivo y refuerzos coherentes puede elevar la motivación de forma sostenida*

- **Modelado o aprendizaje vicario**: las personas observan las consecuencias que tienen las acciones de otros. Si ven que los compañeros que se esfuerzan reciben reconocimiento, tienden a imitar ese comportamiento. En cambio, si observan que da lo mismo implicarse que no hacerlo, la motivación se debilita.

- **Experiencias previas de éxito o fracaso**: el historial personal de logros (o frustraciones) influye en la disposición a esforzarse de nuevo. La llamada **autoeficacia** (Bandura) es la percepción que una persona tiene sobre su propia capacidad para afrontar un reto. A mayor autoeficacia, mayor motivación para actuar.

**Ejemplo**

Una trabajadora que ha recibido apoyo y formación al asumir nuevos retos tiende a sentirse más capaz y motivada a afrontar tareas complejas. En cambio, si en el pasado fue descalificada o ignorada, puede mostrar evitación ante desafíos similares, aunque tenga talento.

Además del contexto, el tipo de liderazgo tiene un papel esencial en el aprendizaje de la motivación. Un líder que refuerza positivamente promueve el desarrollo, da ejemplo con su actitud y reconoce el esfuerzo, motiva y contribuye a formar personas autónomas y motivadas por sí mismas.

**Anotación**

El aprendizaje motivacional no se limita a recompensas materiales. Muchas veces, el refuerzo más poderoso es el reconocimiento verbal, la confianza delegada o la oportunidad de asumir una tarea significativa.

# Resumen

La influencia positiva en los equipos es una competencia clave del liderazgo moderno. No se basa en la autoridad formal, sino en la capacidad de generar confianza, despertar la motivación y alinear voluntades hacia objetivos comunes. Esta habilidad requiere conocer los procesos motivacionales y adaptar las estrategias a cada persona y contexto.

A lo largo del tiempo, se han desarrollado diversos modelos teóricos de la motivación. Entre ellos, destacan la jerarquía de necesidades de Maslow, que establece cinco niveles progresivos; la teoría de los dos factores de Herzberg, que distingue entre factores higiénicos (evitan insatisfacción) y motivadores (generan satisfacción); la teoría X e Y de McGregor, que propone dos visiones opuestas sobre el comportamiento humano en el trabajo; y la teoría de la equidad de Adams, centrada en la percepción de justicia. Estos modelos, aunque no excluyentes, permiten interpretar el comportamiento de las personas y diseñar entornos más motivadores.

Una de las teorías más actuales es la teoría de la expectativa de Vroom, que sostiene que la motivación depende de la creencia en que el esfuerzo lleva al rendimiento (expectativa), de que el rendimiento será recompensado (instrumentalidad), y del valor personal de la recompensa (valencia). Si alguno de estos elementos falla, la motivación disminuye.

La motivación también se comprende como un proceso dinámico, conocido como ciclo motivacional, que parte de una necesidad, genera una tensión, impulsa una conducta, busca satisfacción y, una vez alcanzado el objetivo, conduce a un equilibrio temporal. Este ciclo puede verse alterado si las necesidades no se identifican o no se satisfacen adecuadamente.

Además, la motivación se aprende y se refuerza. A través del condicionamiento operante (Skinner), las personas repiten conductas que obtienen recompensas. Mediante el aprendizaje vicario, imitan lo que ven recompensado en los demás. Y con una alta autoeficacia (Bandura), creen en su capacidad de lograr metas, lo que aumenta su motivación. Los líderes influyen en este proceso si refuerzan positivamente, delegan, reconocen y actúan con coherencia.

# Glosario

**Aprendizaje vicario**

Forma de aprendizaje basada en la observación de las consecuencias que tienen las acciones de otras personas.

**Autoeficacia**

Creencia de una persona en su propia capacidad para lograr un objetivo o superar un desafío.

**Ciclo motivacional**

Proceso dinámico que describe cómo una necesidad genera tensión, impulsa una conducta orientada y culmina en la satisfacción y equilibrio temporal.

**Influencia**

Capacidad para afectar el comportamiento o las decisiones de otros sin recurrir a la imposición, mediante la credibilidad, el ejemplo o la persuasión.

**Teoría de Herzberg**

Teoría que distingue entre factores higiénicos (que evitan la insatisfacción) y factores motivadores (que generan satisfacción y compromiso).

**Teoría de la expectativa (Vroom)**

Modelo que explica la motivación en función de la expectativa de éxito, la relación entre rendimiento y recompensa, y el valor personal de la recompensa.

**Teoría de Maslow**

Modelo motivacional que establece una jerarquía de necesidades humanas, desde las básicas (fisiológicas) hasta las de autorrealización.

# Ejercicios de autoevaluación

**1. ¿Qué plantea la teoría de Maslow?**

    a. Que las personas solo se motivan con incentivos económicos.

    b. Que todas las necesidades son iguales.

    c. Que las personas se motivan al satisfacer una jerarquía de necesidades.

    d. Que las necesidades no afectan la motivación.

**2. Según Herzberg, ¿cuáles son los factores que realmente generan motivación?**

    a. El salario y la supervisión.

    b. Las condiciones laborales y la seguridad.

    c. El reconocimiento y el crecimiento profesional.

    d. La puntualidad y la rotación de tareas.

**3. ¿Qué diferencia la teoría Y de McGregor?**

    a. Supone que las personas evitan el trabajo.

    b. Considera que las personas pueden autogestionarse y encontrar satisfacción en el trabajo.

    c. Requiere un control constante.

    d. Plantea la necesidad de vigilancia externa.

**4. ¿Cuál es el eje central de la teoría de la equidad de Adams?**

    a. La comparación entre esfuerzo y recompensa respecto a los demás.

    b. El salario base.

    c. La antigüedad en el puesto.

    d. El cumplimiento del horario.

**5. Según la teoría de Vroom, ¿qué ocurre si la persona no valora la recompensa?**

a. Se esfuerza igualmente.

b. Disminuye su motivación.

c. Aumenta la instrumentalidad.

d. Mejora su autoestima.

**6. ¿Cuál de los siguientes elementos forma parte del modelo de Vroom?**

a. Necesidad, recompensa y motivación.

b. Incentivo, participación y equidad.

c. Expectativa, instrumentalidad y valencia.

d. Reconocimiento, autoestima y supervisión.

**7. ¿En qué fase del ciclo motivacional aparece la conducta orientada al objetivo?**

a. Tras el equilibrio temporal.

b. Después de la satisfacción de la necesidad.

c. Antes de que aparezca la necesidad.

d. Después de la tensión generada por la necesidad.

**8. ¿Qué es la autoeficacia según Bandura?**

a. La capacidad para medir el rendimiento.

b. La seguridad que ofrece un entorno laboral.

c. La creencia en la propia capacidad para afrontar un reto.

d. La autonomía en la toma de decisiones empresariales.

**9. ¿Qué describe el condicionamiento operante?**

    a. El deseo de cumplir las normas.

    b. El aprendizaje por consecuencias: refuerzo o castigo.

    c. El seguimiento de un líder.

    d. El trabajo en equipo.

**10.¿Qué ocurre cuando un líder refuerza positivamente los logros del equipo?**

    a. Se incrementa la motivación y el compromiso.

    b. Se fomenta la competencia interna.

    c. Se pierde autoridad.

    d. Se genera tensión organizativa.

# U. A. 4. Las emociones

## Introducción

Las emociones son un componente central del comportamiento humano y, por tanto, influyen profundamente en la vida laboral. Afectan a la percepción, la comunicación, la toma de decisiones, la resolución de conflictos y, en última instancia, al rendimiento de los equipos. Comprenderlas y gestionarlas adecuadamente no es una opción, sino una necesidad para liderar con eficacia y construir entornos de trabajo saludables.

Conceptos como la inteligencia emocional, el liderazgo emocional, los sellos emocionales, la asertividad, la negociación y la empatía permiten a las personas trabajadoras y a los líderes generar vínculos positivos, abordar situaciones difíciles con equilibrio y promover una cultura de respeto y colaboración.

Esta unidad profundiza en el papel que desempeñan las emociones en las relaciones laborales, ofreciendo herramientas y enfoques prácticos para integrarlas en la gestión cotidiana de los equipos.

## Objetivos

- Comprender el papel de las emociones en el entorno laboral, identificando su impacto en la conducta, la comunicación y el rendimiento de los equipos.
- Aplicar los principios de la inteligencia emocional en situaciones reales de trabajo, desarrollando competencias como la autoconciencia, la autorregulación, la empatía y las habilidades sociales.
- Ejercer un liderazgo emocionalmente competente, capaz de gestionar climas emocionales complejos, movilizar estados afectivos positivos y mantener la cohesión del grupo.
- Reconocer los efectos de los sellos emocionales en la conducta individual y colectiva, y proponer acciones reparadoras que favorezcan el bienestar emocional en el equipo.
- Utilizar la asertividad, la empatía y la negociación como herramientas para mejorar la comunicación interpersonal, prevenir conflictos y fortalecer el respeto mutuo.

# 1. Inteligencia emocional

Las emociones forman parte inseparable de la experiencia humana en el trabajo. Condicionan la percepción, la toma de decisiones, la conducta interpersonal y el rendimiento. Comprenderlas, reconocerlas y gestionarlas adecuadamente es clave para construir relaciones laborales saludables, prevenir conflictos y fomentar un liderazgo cercano y efectivo.

La inteligencia emocional es la capacidad para identificar, comprender, manejar y utilizar de forma constructiva las emociones propias y ajenas. Lejos de considerarse un factor secundario, numerosos estudios han demostrado que esta competencia es muy importante en el rendimiento laboral, la toma de decisiones, la gestión del estrés y la calidad de las relaciones interpersonales.

Daniel Goleman, uno de los principales divulgadores del concepto, propone una estructura que incluye cinco habilidades esenciales:

- **Autoconciencia**: reconocer los propios estados emocionales y su impacto.
- **Autorregulación**: manejar las emociones intensas, evitando reacciones impulsivas.
- **Motivación**: canalizar la energía emocional hacia objetivos positivos.
- **Empatía**: comprender las emociones de los demás y responder con sensibilidad.
- **Habilidades sociales**: establecer relaciones constructivas, resolver conflictos y generar influencia.

Ejemplo

Un coordinador de equipo detecta que se siente irritable tras varias semanas de presión acumulada (autoconciencia). En lugar de descargar su tensión con el grupo, decide tomarse unos minutos para organizar prioridades (autorregulación). Después, escucha con atención a un miembro del equipo que manifiesta desánimo y le ofrece apoyo (empatía y habilidades sociales). Su respuesta contribuye a mantener un clima laboral positivo.

Las organizaciones que promueven entornos emocionalmente inteligentes reducen el conflicto y el absentismo, y aumentan la colaboración, el compromiso y la adaptabilidad.

*Fig. 1. La inteligencia emocional puede desarrollarse mediante el entrenamiento consciente de las habilidades mencionadas, el feedback constructivo y la observación de modelos positivos*

 **Anotación**

No se trata de evitar las emociones en el trabajo, sino de integrarlas adecuadamente. La negación emocional, lejos de aportar racionalidad, suele derivar en tensiones latentes o conductas disfuncionales.

## 2. Liderazgo emocional

El liderazgo emocional es aquel que se ejerce no solo desde la lógica o la autoridad formal, sino desde la capacidad de conectar con las personas, gestionar el clima emocional del equipo y movilizar estados afectivos positivos. Un líder emocionalmente competente influye en los demás tanto con palabras o decisiones, como con su actitud, su presencia y su modo de relacionarse.

Este tipo de liderazgo se basa en varias competencias esenciales:

- Saber leer el estado emocional del equipo y actuar en consecuencia.
- Inspirar con entusiasmo y convicción, incluso en momentos de incertidumbre.
- Transmitir calma, seguridad y coherencia ante situaciones difíciles.
- Fomentar la confianza mutua y la expresión emocional sin juicio.
- Utilizar las emociones como motor de acción colectiva.

 Ejemplo

Durante un cambio organizativo complejo, un responsable de área convoca reuniones cortas y frecuentes con su equipo para explicar con claridad lo que se sabe y lo que aún está en evaluación. Reconoce las emociones de inquietud o resistencia, ofrece espacio para expresarlas y comparte ejemplos de superación de retos anteriores. Su gestión emocional genera confianza y reduce la ansiedad colectiva.

El liderazgo emocional no implica permisividad, ni la negación del conflicto, sino la habilidad de **transformar las emociones en recursos**. Por ejemplo, canalizar la frustración hacia la mejora de procesos, o convertir la ilusión por un nuevo proyecto en energía compartida.

 Saber más

Las investigaciones en neurociencia organizacional muestran que el cerebro humano responde mejor al liderazgo empático y emocionalmente coherente que al autoritarismo o la frialdad. La confianza y la seguridad psicológica son factores neurobiológicos que potencian el aprendizaje y la innovación en los equipos.

Desarrollar liderazgo emocional requiere trabajo personal: cultivar la autoconciencia, escuchar con apertura, aceptar la vulnerabilidad y aprender de las emociones propias y ajenas. En contextos laborales complejos, estas competencias hacen más humano el trabajo además de más eficaz.

## 3. Los sellos de la mente emocional

La **mente emocional** es aquella parte del funcionamiento psicológico que responde de forma rápida, automática e intensa ante ciertos estímulos, activando emociones profundas antes incluso de que la razón pueda intervenir. Este fenómeno, que ha sido ampliamente estudiado en neurociencia afectiva, tiene una gran relevancia en entornos laborales, donde las decisiones y las relaciones interpersonales están fuertemente condicionadas por factores emocionales.

Se habla de **"sellos" de la mente emocional** para referirse a las huellas que las experiencias emocionalmente intensas dejan en la memoria y en la conducta. Estos sellos pueden ser positivos (como la confianza generada por un líder comprensivo) o negativos (como la desconfianza provocada por una traición o injusticia percibida).

Los principales rasgos que caracterizan estos sellos son:

- **Persistencia**: las emociones fuertes generan recuerdos duraderos, que influyen en decisiones futuras.
- **Automatismo**: activan respuestas rápidas, incluso antes de que se reflexione conscientemente.
- **Generalización**: una experiencia concreta puede extenderse a situaciones similares (por ejemplo, desconfianza hacia todos los superiores por una mala experiencia con uno).
- **Dificultad de reversión**: modificar un sello negativo requiere experiencias reparadoras repetidas y consistentes.

 Ejemplo

Una empleada que fue descalificada públicamente por su antiguo responsable puede desarrollar una reacción automática de ansiedad al hablar en reuniones, incluso con un nuevo jefe que muestra actitudes completamente distintas. Esta reacción refleja un sello emocional negativo que condiciona su conducta actual.

En los equipos, los sellos emocionales colectivos también existen: una crisis mal gestionada, un despido traumático o una etapa de éxitos compartidos pueden marcar el clima durante años. Los líderes deben tener en cuenta estos antecedentes, porque las emociones no desaparecen con una orden, y los vínculos emocionales modelan la percepción de justicia, seguridad y pertenencia.

## Anotación

Trabajar con la mente emocional no significa manipular emociones, sino generar entornos donde los sellos positivos sean reforzados y los negativos, reconocidos y reparados cuando sea posible.

## 4. Asertividad

La **asertividad** es la habilidad de expresar opiniones, necesidades, emociones o límites de forma clara, directa y respetuosa, sin agredir ni someterse.

*Fig. 2. En el contexto de la gestión de equipos, la asertividad se considera una gran competencia para resolver conflictos, mejorar la comunicación y fortalecer las relaciones interpersonales sin caer en el autoritarismo ni en la pasividad*

La conducta asertiva se sitúa entre dos extremos:

- **Estilo pasivo**: la persona evita el conflicto, cede ante los demás, reprime sus necesidades y acumula malestar.
- **Estilo agresivo**: la persona impone sus deseos, utiliza el lenguaje condescendiente o intimidatorio y genera rechazo.

La comunicación asertiva permite defender los propios derechos y opiniones respetando los de los demás. Se basa en el equilibrio emocional, la autoconfianza y la empatía.

Algunas estrategias habituales para ejercer la asertividad en el entorno laboral son:

- Utilizar mensajes en primera persona ("yo pienso que...", "yo necesito...").
- Pedir aclaraciones sin juicio ("¿Puedes explicarme mejor a qué te refieres?").
- Negarse a una petición sin necesidad de justificar en exceso ("Ahora mismo no puedo encargarme de eso").
- Expresar desacuerdo sin confrontación ("Tengo una visión diferente sobre este tema").

Ejemplo

Un profesional recibe una crítica injusta durante una reunión. En lugar de callar (estilo pasivo) o responder con hostilidad (estilo agresivo), dice con serenidad: "Respeto tu opinión, pero no comparto esa interpretación de los hechos. Estoy dispuesto a explicarlo con más detalle si lo consideras útil". Esta respuesta asertiva reduce la tensión y mantiene la dignidad del interlocutor.

El desarrollo de la asertividad requiere práctica y autoconciencia. Muchas personas evitan ser asertivas por temor al rechazo, al conflicto o a la incomodidad emocional. Sin embargo, cuando se aprende a expresarse con firmeza y respeto, la autoestima aumenta, las relaciones mejoran y el liderazgo se vuelve más auténtico.

La asertividad no es solo una técnica de comunicación, sino una postura interna: implica reconocer el propio valor, asumir responsabilidades y tratar a los demás como iguales en dignidad, aunque se discrepe.

# 5. Negociación

La **negociación** es el proceso mediante el cual dos o más partes, con intereses o posiciones distintas, buscan llegar a un acuerdo que resulte aceptable para todas. En los equipos de trabajo, la negociación no se limita a situaciones contractuales o comerciales, sino que forma parte del día a día: distribución de tareas, asignación de recursos, solución de conflictos, gestión del tiempo o toma de decisiones compartidas.

Negociar eficazmente implica algo más que argumentar bien. Requiere inteligencia emocional, escucha activa, empatía y una actitud colaborativa, especialmente en entornos donde las relaciones continuadas son fundamentales.

Existen distintos estilos de negociación, según el nivel de interés en uno mismo y en la otra parte:

*   **Competitivo**: centrado en ganar, incluso si la otra parte pierde. Útil en situaciones puntuales, pero perjudicial para las relaciones a largo plazo.
*   **Acomodativo**: la persona cede para mantener la armonía, pero puede acumular frustración si lo hace de forma constante.
*   **Evasivo**: evita el conflicto, lo que puede posponer soluciones necesarias.
*   **Colaborativo**: busca una solución integradora en la que ambas partes ganen (ganar-ganar).
*   **Comprometido**: se cede en parte a cambio de que la otra parte también lo haga, alcanzando un acuerdo intermedio.

Ejemplo

Dos departamentos compiten por utilizar el mismo recurso limitado. Un enfoque competitivo podría generar resentimiento. En cambio, una negociación colaborativa puede explorar alternativas, como turnos compartidos, reprogramación o priorización por impacto. De este modo, ambos equipos perciben que se les ha tenido en cuenta.

Las claves para una negociación eficaz incluyen:

*   Preparar el encuentro identificando intereses, límites y opciones alternativas.

- Escuchar con atención para comprender no solo lo que se dice, sino lo que subyace.
- Generar confianza, evitando actitudes defensivas o acusatorias.
- Separar a las personas del problema, centrando la conversación en los hechos y no en las emociones.
- Buscar criterios objetivos para fundamentar las propuestas.

## Anotación

En contextos de trabajo, negociar no debe entenderse como una lucha de poder, sino como un ejercicio de cooperación para gestionar recursos, expectativas y diferencias de forma constructiva.

## 6. Empatía

La **empatía** es la capacidad de ponerse en el lugar del otro, comprender sus emociones, pensamientos y puntos de vista, y responder con sensibilidad y respeto.

*Fig. 3. La empatía se considera una competencia fundamental en el liderazgo, la gestión de conflictos, la atención al cliente y, en general, en todas las relaciones humanas significativas*

Se pueden distinguir dos componentes esenciales de la empatía:

- **Empatía cognitiva**: capacidad para entender intelectualmente lo que la otra persona está experimentando.
- **Empatía emocional**: capacidad para sentir, en cierta medida, lo que la otra persona siente, resonando afectivamente con su estado.

Una tercera dimensión, menos tratada pero muy importante, es la empatía activa: la disposición a actuar o responder en función de lo comprendido, con intención de ayudar, apoyar o respetar el bienestar del otro.

 Ejemplo

Un trabajador muestra desánimo y bajo rendimiento. En lugar de reprenderlo directamente, su responsable le pregunta cómo se encuentra, escucha sin juzgar y adapta temporalmente su carga de trabajo. Esta actitud empática mejora la situación y fortalece la relación y el compromiso futuro.

La empatía no implica justificar cualquier comportamiento, sino reconocer que detrás de cada acción hay una experiencia emocional. Esta comprensión permite intervenir con mayor efectividad, resolver tensiones con menor coste emocional y construir entornos laborales más humanos y sostenibles.

La empatía también protege contra el autoritarismo, los prejuicios y el desgaste emocional. En contextos donde las personas se sienten comprendidas, el respeto mutuo y la colaboración aumentan significativamente.

Cultivar la empatía exige desarrollar la escucha activa, regular las propias reacciones emocionales y entrenar la capacidad de observar con apertura, sin caer en la interpretación inmediata o el juicio.

# Resumen

Las emociones tienen un papel decisivo en el entorno laboral: afectan la percepción, la toma de decisiones, la comunicación y el rendimiento de los equipos. Lejos de ser un elemento accesorio, gestionarlas adecuadamente es clave para fomentar entornos saludables, cohesionados y productivos. La inteligencia emocional, definida por Daniel Goleman, reúne competencias como la autoconciencia, la autorregulación, la empatía, la motivación y las habilidades sociales, todas fundamentales para la vida profesional.

El liderazgo emocional se basa en la capacidad del líder para interpretar el estado emocional del equipo, generar confianza y movilizar actitudes positivas. No es permisividad, sino una forma eficaz de guiar equipos desde la coherencia afectiva. Las organizaciones con líderes emocionalmente competentes suelen mostrar mayor implicación, menor rotación y mejor clima laboral.

Otro elemento clave es la mente emocional, que responde de forma automática a estímulos. Las experiencias intensas dejan sellos emocionales, que pueden condicionar futuras reacciones. Estos sellos pueden ser positivos o negativos y persistir durante años. Reconocerlos y promover experiencias reparadoras es esencial para una gestión emocional consciente.

La asertividad permite comunicar opiniones y necesidades de forma clara y respetuosa, evitando tanto la sumisión como la agresividad. Esta habilidad fortalece la convivencia y reduce conflictos. Junto a ella, la negociación colaborativa, basada en la empatía, la preparación y el respeto, ayuda a resolver diferencias con eficacia y equidad, promoviendo acuerdos sostenibles.

La empatía es una competencia transversal en el liderazgo y la gestión de equipos. Se manifiesta como comprensión emocional (empatía emocional), entendimiento racional (empatía cognitiva) y disposición a actuar en consecuencia (empatía activa). Los equipos que se sienten comprendidos generan vínculos más sólidos, mayor confianza y mejor desempeño.

# Glosario

**Asertividad**

Habilidad de expresar pensamientos, necesidades y emociones de forma clara, directa y respetuosa, sin agresividad ni sumisión.

**Emoción**

Reacción afectiva intensa que influye en la percepción, la conducta y la toma de decisiones. En el entorno laboral, las emociones afectan el clima y el rendimiento.

**Empatía**

Capacidad de ponerse en el lugar del otro, comprender sus emociones y responder con sensibilidad.

**Inteligencia emocional**

Capacidad para reconocer, comprender y gestionar las propias emociones y las de los demás. Incluye habilidades como la autoconciencia, la empatía y la autorregulación.

**Liderazgo emocional**

Estilo de liderazgo que se basa en la gestión de las emociones propias y del equipo para generar motivación, confianza y cohesión.

**Mente emocional**

Sistema de respuesta rápida y automática ante estímulos, influido por experiencias pasadas que dejan huellas emocionales profundas.

**Negociación**

Proceso de diálogo entre partes con intereses distintos que buscan alcanzar un acuerdo aceptable para todos.

**Sello emocional**

Huella duradera que deja una experiencia emocional intensa, condicionando reacciones futuras ante situaciones similares.

# Ejercicios de autoevaluación

**1. ¿Qué habilidad forma parte de la inteligencia emocional según Goleman?**

   a.  Capacidad para imponer decisiones.

   b.  Aptitud para trabajar bajo presión constante.

   c.  Dominio técnico en procesos de producción.

   d.  Autoconciencia emocional.

**2. El liderazgo emocional se caracteriza por:**

   a.  Evitar el contacto emocional con el equipo.

   b.  Movilizar actitudes positivas a través de la conexión emocional.

   c.  Reprimir las emociones en el entorno laboral.

   d.  Establecer normas rígidas e impersonales.

**3. ¿Qué es un sello emocional?**

   a.  Un reconocimiento laboral por rendimiento.

   b.  Una huella duradera que deja una experiencia emocional intensa.

   c.  Un tipo de liderazgo afectivo.

   d.  Un rasgo de la personalidad.

**4. ¿Cuál de estas opciones refleja una conducta asertiva?**

   a.  Gritar para defender un punto de vista.

   b.  Ceder siempre para evitar conflictos.

   c.  Expresar un desacuerdo con respeto y firmeza.

   d.  Evitar cualquier expresión de emociones.

**5. ¿Qué estilo de negociación busca beneficios mutuos?**

a. Competitivo.

b. Evasivo.

c. Colaborativo.

d. Acomodativo.

**6. ¿Qué componente forma parte de la empatía?**

a. Capacidad de convencer.

b. Habilidad de liderazgo autoritario.

c. Técnica de resolución por consenso.

d. Empatía cognitiva.

**7. ¿Cuál es un efecto de un liderazgo emocionalmente competente?**

a. Aumento del absentismo.

b. Mayor control jerárquico.

c. Mejora del clima laboral.

d. Reducción de la productividad.

**8. ¿Qué estrategia es típica en una negociación eficaz?**

a. Imponer la propia posición sin diálogo.

b. Preparar el encuentro y buscar soluciones integradoras.

c. Mantener una postura ambigua.

d. Evitar la expresión emocional.

**9. ¿Qué implica la empatía activa?**

a. Comprender sin actuar.

b. Observar sin emitir juicio.

c. Responder con intención de ayudar y apoyar.

d. Reaccionar de forma automática.

**10.¿Por qué es importante integrar las emociones en el entorno laboral?**

a. Porque influyen en la comunicación, decisiones y rendimiento.

b. Para mantenerlas ocultas.

c. Porque son inevitables y deben ignorarse.

d. Para reducir el impacto de la motivación externa.

# U. A. 5. ¿Qué entendemos por trabajo?

## Introducción

El trabajo no se reduce a una mera actividad económica o técnica; es una dimensión clave de la vida humana, con profundas implicaciones personales, sociales y culturales. A través del trabajo, las personas se definen, se relacionan, se desarrollan y contribuyen a su entorno. Comprender el significado amplio del trabajo permite interpretar mejor los vínculos, expectativas y motivaciones que surgen dentro de las organizaciones.

Esta unidad analiza la naturaleza del trabajo desde distintas perspectivas: sus resultados, sus motivaciones y su influencia en el clima organizacional. Considerar el trabajo como un proceso con impacto emocional, identitario y relacional es esencial para promover entornos laborales más saludables, sostenibles y humanizados.

## Objetivos

- Reflexionar sobre el concepto de trabajo desde una perspectiva integral, considerando su dimensión económica, personal, social y simbólica.
- Identificar los distintos resultados del trabajo, tanto cuantitativos como cualitativos, y valorar su impacto en la organización y en las personas.
- Analizar las motivaciones que llevan a las personas a trabajar, comprendiendo su diversidad y su relevancia para el compromiso laboral.
- Comprender el concepto de clima organizacional, sus componentes clave y su influencia sobre la motivación, el bienestar y el rendimiento.
- Proponer estrategias para mejorar el clima organizacional, integrando elementos de comunicación, liderazgo, reconocimiento y participación.

# 1. Los resultados del trabajo

El concepto de trabajo va más allá de la ejecución de tareas remuneradas: encierra una dimensión simbólica, social y personal que configura la identidad y la posición del individuo en la sociedad. Reflexionar sobre el significado del trabajo permite comprender mejor los vínculos que se generan en las organizaciones y el modo en que estos afectan al compromiso de las personas.

Los resultados del trabajo pueden entenderse como el conjunto de efectos, productos y consecuencias derivados de la actividad laboral de una persona o de un equipo. Estos resultados no son únicamente materiales o cuantificables, como cifras de ventas o unidades producidas, sino también cualitativos, simbólicos y sociales.

En el plano más visible, los resultados del trabajo incluyen:

1. La producción de bienes o servicios.
2. La consecución de objetivos marcados (individuales o grupales).
3. La aportación de valor a la organización o a la sociedad.
4. La mejora de procesos, productos o relaciones internas.

Sin embargo, también deben considerarse resultados más intangibles, como:

- El crecimiento personal y profesional de quien realiza el trabajo.
- El impacto emocional que la tarea tiene en la autoestima, la motivación o el sentido vital.
- La huella relacional que deja el modo en que se trabaja (colaboración, conflicto, influencia sobre el entorno).

**Ejemplo**

Dos personas pueden desempeñar el mismo rol técnico con igual eficiencia. Pero una de ellas, además de cumplir con sus tareas, ayuda a sus compañeros, propone mejoras y transmite buen ánimo. Sus resultados no solo se miden por lo que hace, sino por el efecto positivo que genera en su entorno.

Medir los resultados del trabajo requiere, por tanto, un enfoque amplio que combine indicadores objetivos (KPI) con elementos cualitativos, como el clima, la percepción del cliente interno o externo, o la mejora continua.

*Fig. 1. Un liderazgo efectivo reconoce y valora indicadores objetivos y elementos cualitativos*

## 2. ¿Por qué trabajamos?

La pregunta ¿por qué trabajamos? remite no solo a la necesidad económica, sino a una reflexión profunda sobre el papel del trabajo en la vida humana. Si bien el trabajo responde en parte a una función instrumental (obtener ingresos, cubrir necesidades), también cumple dimensiones psicológicas, sociales y simbólicas que resultan fundamentales para la motivación y el bienestar.

Entre los principales motivos por los que las personas trabajan se encuentran:

- **Necesidad material**: garantizar la supervivencia, mantener un nivel de vida, acceder a recursos.
- **Estructuración del tiempo**: el trabajo organiza el día a día, da ritmo a la vida.
- **Identidad personal y social**: muchas personas se definen por su profesión ("soy docente", "soy técnico") y encuentran en ella reconocimiento y pertenencia.
- **Contribución a un propósito**: trabajar permite sentirse útil, dejar huella, ayudar o crear algo significativo.
- **Desarrollo personal**: a través del trabajo se adquieren competencias, se afrontan retos, se crece en experiencia.
- **Relación social**: el trabajo ofrece oportunidades de interacción, cooperación y vínculo humano.

Ejemplo

Una persona podría continuar trabajando, aunque tuviera cubiertas sus necesidades económicas, porque encuentra en su labor una fuente de sentido, aprendizaje y conexión con los demás.

Comprender la pluralidad de motivos que mueven a las personas a trabajar permite diseñar políticas de motivación más eficaces. No todos los empleados priorizan el mismo factor, y una gestión inteligente es aquella que reconoce y articula esa diversidad de motivaciones.

Anotación

Reducir el trabajo solo a una transacción económica empobrece la experiencia laboral y limita el compromiso. Las organizaciones que entienden el trabajo como un espacio de realización humana consiguen mayor implicación y sostenibilidad en sus equipos.

# 3. El clima organizacional

El clima organizacional se refiere a la percepción generalizada que tienen los miembros de una organización sobre el entorno en el que trabajan. Es el resultado de múltiples factores: las relaciones interpersonales, el estilo de liderazgo, las condiciones laborales, la comunicación, las normas no escritas y la forma en que se toman las decisiones.

Este clima no es algo abstracto o secundario: afecta directamente al rendimiento, la motivación, la salud mental y la permanencia del personal. Un buen clima genera confianza, cooperación y bienestar. Un mal clima puede provocar tensión, rotación, absentismo o bloqueos en la innovación.

Algunos indicadores que ayudan a identificar el clima organizacional son:

- Grado de confianza entre compañeros y hacia los líderes.
- Nivel de cooperación o competencia entre áreas.
- Fluidez y tono de la comunicación interna.
- Percepción de justicia en las decisiones.
- Capacidad para expresar opiniones sin temor.
- Sensación de pertenencia y orgullo de formar parte de la organización.

 Ejemplo

En una empresa donde se celebra el trabajo bien hecho, se escuchan las ideas del personal y se comparten decisiones importantes, es habitual encontrar un clima de compromiso y entusiasmo. Por el contrario, donde reina el miedo, el silencio o la desconfianza, el clima se vuelve tóxico y cuesta sostener la motivación.

*Fig. 2. La evaluación periódica del clima organizacional debe formar parte de toda estrategia de gestión de personas*

A diferencia de la cultura organizacional (más profunda y estable), el clima puede cambiar en plazos más breves si se actúa sobre los factores adecuados: liderazgo, participación, reconocimiento, condiciones de trabajo.

# Resumen

El trabajo no se limita a una actividad técnica o económica: es una dimensión esencial de la experiencia humana. A través del trabajo, las personas construyen identidad, se relacionan con su entorno y encuentran propósito. Por ello, una visión integral del trabajo debe incluir no solo sus aspectos productivos, sino también sus implicaciones personales, sociales y simbólicas.

Los resultados del trabajo pueden clasificarse en cuantitativos (producción, cumplimiento de objetivos, generación de valor) y cualitativos (impacto emocional, crecimiento personal, mejora del clima laboral). Ambos son relevantes y deben tenerse en cuenta al evaluar el desempeño. Una misma tarea puede generar efectos muy distintos según la actitud, el entorno y las relaciones que se desarrollan en torno a ella.

Preguntarse por qué trabajamos lleva a explorar motivaciones múltiples: desde la necesidad económica hasta la realización personal, la búsqueda de reconocimiento o el deseo de contribuir a un propósito. Entender esta diversidad de razones permite una gestión más inteligente y humana del talento, ya que no todas las personas se movilizan por los mismos incentivos.

El clima organizacional refleja la percepción compartida sobre cómo se vive el trabajo en un entorno específico. Elementos como la confianza, el liderazgo, la justicia percibida y la comunicación determinan si ese clima es positivo o tóxico. A diferencia de la cultura organizacional, el clima puede cambiar a corto plazo mediante intervenciones estratégicas y conscientes.

Promover un enfoque amplio y humanista del trabajo implica reconocer la importancia del bienestar emocional, el reconocimiento, la participación y el sentido. Las organizaciones que cuidan estos aspectos logran equipos más motivados, resilientes y comprometidos.

# Glosario

### Clima organizacional
Percepción colectiva del ambiente laboral, influido por la comunicación, las relaciones interpersonales y el estilo de liderazgo.

### Identidad profesional
Sentido de pertenencia y autodefinición que una persona desarrolla a partir de su ocupación o rol laboral.

### Motivación laboral
Conjunto de razones, internas o externas, que impulsan a una persona a trabajar con dedicación y compromiso.

### Reconocimiento
Aprecio o valoración que se da al esfuerzo y al desempeño laboral, elemento clave para reforzar la motivación y el compromiso.

### Resultados del trabajo
Conjunto de efectos tangibles e intangibles generados por la actividad laboral, incluyendo tanto la productividad como el impacto emocional y relacional.

### Trabajo
Actividad humana orientada a producir bienes o servicios, que posee también dimensiones simbólicas, sociales y personales.

### Sentido del trabajo
Percepción de que la actividad laboral tiene valor personal, social o ético, lo que refuerza la implicación sostenida.

# Ejercicios de autoevaluación

**1. ¿Qué dimensión no puede faltar en una visión integral del trabajo?**

   a.  La dimensión económica exclusivamente.

   b.  La dimensión personal, social y simbólica.

   c.  Solo la eficiencia técnica.

   d.  El cumplimiento estricto de horarios.

**2. ¿Cuál de los siguientes NO es un resultado intangible del trabajo?**

   a.  Producción de bienes.

   b.  Mejora del clima laboral.

   c.  Crecimiento personal.

   d.  Cumplimiento de unidades vendidas.

**3. ¿Qué factor contribuye a un resultado cualitativo en el trabajo?**

   a.  La actitud colaborativa del trabajador.

   b.  El número de productos terminados.

   c.  La inversión tecnológica.

   d.  El horario de la jornada.

**4. ¿Por qué puede una persona seguir trabajando, aunque no necesite ingresos?**

   a.  Por obligación legal.

   b.  Por falta de otra actividad.

   c.  Porque encuentra en el trabajo sentido, relación y crecimiento.

   d.  Por acumulación de méritos.

**5. ¿Cuál es una motivación simbólica para trabajar?**

a. Obtener beneficios fiscales.

b. Mantener un horario regular.

c. Contribuir a un propósito o dejar huella.

d. Cobrar un salario base.

**6. ¿Qué define al clima organizacional?**

a. Las políticas formales de recursos humanos.

b. La percepción compartida del ambiente laboral.

c. El número de reuniones mensuales.

d. El estilo de gestión de las finanzas.

**7. ¿Qué indicador puede reflejar un buen clima laboral?**

a. Aumento del control jerárquico.

b. Presencia de competencia entre departamentos.

c. Confianza y cooperación entre compañeros.

d. Disminución de reuniones.

**8. ¿Qué factor afecta negativamente al clima organizacional?**

a. Revisión de objetivos.

b. Proyectos de innovación.

c. Desconfianza y falta de comunicación.

d. Participación activa del personal.

**9. ¿Qué diferencia el clima de la cultura organizacional?**

a. El clima es más profundo y estable.

b. La cultura cambia rápidamente.

c. El clima puede cambiar a corto plazo.

d. No existen diferencias reales.

**10.¿Qué enfoque favorece una mayor implicación del equipo?**

a. Centrarse solo en resultados cuantificables.

b. Reconocer la diversidad de motivaciones y promover el bienestar.

c. Aumentar la carga de trabajo sin incentivos.

d. Reducir el contacto interpersonal.

*U. A. 5. ¿Qué entendemos por trabajo?*

# U. A. 6. ¿Qué es la satisfacción laboral?

## Introducción

La satisfacción laboral es un indicador clave del bienestar individual y del equilibrio entre las expectativas personales y las condiciones ofrecidas por la organización. Su presencia se asocia con un mayor rendimiento, compromiso y retención del talento, mientras que su ausencia puede desencadenar apatía, rotación, conflictos o deterioro del clima laboral.

Comprender qué factores favorecen o limitan la satisfacción en el trabajo permite a las organizaciones crear entornos más humanos, sostenibles y eficaces. Para ello, es necesario considerar tanto las motivaciones internas y externas, como las destrezas individuales para sostener la motivación, la prevención del fracaso organizacional y la incorporación de recompensas formales e informales que valoren adecuadamente el esfuerzo.

El enfoque integral de esta unidad permite vincular satisfacción, motivación, rendimiento y gestión emocional en la práctica diaria de los equipos de trabajo.

## Objetivos

- Comprender el concepto de satisfacción laboral y su relación con el bienestar psicológico, el rendimiento y la permanencia en la organización.
- Analizar el vínculo entre motivación y rendimiento, identificando los factores que influyen en el esfuerzo, la calidad y la persistencia en el trabajo.
- Aplicar estrategias para prevenir el fracaso organizativo, mediante la gestión realista de expectativas, formación, comunicación y apoyo emocional.
- Distinguir entre motivación interna y externa, valorando su equilibrio en la gestión eficaz de equipos.
- Valorar la importancia de las recompensas informales y las destrezas motivacionales como herramientas para fortalecer el compromiso, la autonomía y el clima laboral.

# 1. Motivación y rendimiento

La satisfacción laboral es un indicador del bienestar psicológico y del equilibrio entre las expectativas personales y las condiciones ofrecidas por la organización. Su presencia potencia la motivación, la creatividad y la retención del talento; su ausencia, en cambio, puede derivar en apatía, rotación, absentismo y deterioro del clima de trabajo.

Existe una relación directa y demostrada entre motivación y rendimiento laboral. Las personas que están motivadas cumplen con sus tareas y lo hacen con mayor calidad, creatividad y persistencia. En cambio, cuando la motivación es baja, el rendimiento tiende a deteriorarse, incluso en individuos altamente capacitados.

La motivación actúa como un impulsor interno que orienta la energía hacia metas específicas. Afecta a tres dimensiones del rendimiento:

- **Dirección**: hacia qué objetivo se orienta la conducta.
- **Intensidad**: cuánto esfuerzo se invierte.
- **Persistencia**: cuánto tiempo se mantiene ese esfuerzo ante obstáculos.

Dos empleados con la misma formación enfrentan un proyecto exigente. Uno de ellos se siente motivado porque percibe que su trabajo tendrá impacto y será reconocido. El otro, en cambio, lo afronta como una tarea impuesta sin valor añadido. El primero se involucra más, propone mejoras y supera dificultades; el segundo cumple con lo mínimo. La diferencia de rendimiento no radica en la capacidad, sino en la motivación.

Sin embargo, la motivación no debe confundirse con entusiasmo puntual. Para que sea sostenible y eficaz, debe estar conectada con factores como el sentido del trabajo, el reconocimiento, la posibilidad de aprendizaje y la calidad del entorno relacional.

Asimismo, el rendimiento no puede evaluarse exclusivamente por la cantidad de trabajo realizado, sino por la eficacia, la calidad, el impacto y el nivel de implicación del trabajador. Los modelos más avanzados de evaluación del desempeño consideran todos estos factores de forma integral.

**Recuerda**

Un entorno que estimula la motivación potencia el rendimiento individual y colectivo, no a través de la presión, sino del compromiso. Cuando se alinea el propósito de la organización con los valores y expectativas de los empleados, se genera un círculo virtuoso: mayor motivación, mayor rendimiento, mayor satisfacción.

## 2. Prevención del fracaso

La prevención del fracaso en contextos laborales no se refiere a evitar cualquier error, sino a crear condiciones que reduzcan la probabilidad de que el rendimiento se deteriore por causas prevenibles. El fracaso puede surgir por falta de recursos, de claridad en los objetivos, de apoyo del equipo o por una gestión deficiente de las emociones y expectativas.

Una organización orientada a la prevención del fracaso trabaja en distintos frentes:

- **Clarificación de funciones y expectativas**: cuando las personas no saben qué se espera de ellas, es más fácil que cometan errores o trabajen sin rumbo.
- **Acceso a formación y desarrollo**: el aprendizaje continuo reduce la inseguridad, aumenta la autonomía y anticipa errores derivados del desconocimiento.
- **Comunicación efectiva**: una comunicación fluida evita malentendidos que pueden derivar en incumplimientos o conflictos.
- **Gestión realista de la carga de trabajo**: evitar la sobrecarga o la falta de reto, ambos generadores de frustración.
- **Apoyo emocional y retroalimentación oportuna**: detectar señales de desánimo, estrés o desconexión antes de que afecten gravemente al rendimiento.

**Ejemplo**

Un nuevo integrante del equipo comete varios errores en sus primeros días. En lugar de recibir críticas descontextualizadas, su responsable le proporciona orientación clara, una sesión de refuerzo formativo y lo empareja temporalmente con un compañero experimentado. Gracias a estas acciones, se corrige el rumbo antes de que derive en un fracaso.

Es fundamental también cambiar la cultura organizacional respecto al error. En contextos donde el fallo se castiga severamente, las personas tienden a ocultarlo, lo que impide aprender.

*Fig. 1. Cuando se considera una oportunidad de mejora, el equipo gana en madurez, resiliencia y confianza*

La prevención del fracaso no implica eliminar el riesgo, sino acompañar el desarrollo profesional de forma que los errores sean detectados a tiempo, analizados con sentido y transformados en aprendizajes compartidos.

## 3. Destrezas motivacionales

Las destrezas motivacionales son habilidades que permiten a una persona generar, sostener y canalizar su motivación de forma autónoma. En el entorno laboral, estas destrezas resultan fundamentales tanto para mantener el compromiso a lo largo del tiempo como para afrontar situaciones adversas sin caer en la desmotivación.

Entre las principales destrezas motivacionales destacan:

- **Autoconocimiento**: identificar qué factores personales activan la motivación (reconocimiento, desafío, propósito, autonomía).
- **Gestión de objetivos**: saber fijarse metas realistas y significativas que guíen el esfuerzo.
- **Autorrefuerzo**: capacidad de valorarse a uno mismo y celebrar los logros sin depender exclusivamente de estímulos externos.
- **Resiliencia emocional**: tolerar la frustración ante obstáculos, errores o retrocesos, aprendiendo de la experiencia.
- **Gestión del foco atencional**: mantener la atención en lo importante, evitando distracciones o pensamientos desmotivadores.

 **Ejemplo**

Una profesional del área de atención al cliente ha desarrollado la habilidad de reinterpretar las quejas como oportunidades para mejorar. Esta actitud le permite mantener una motivación estable, incluso en contextos tensos, gracias a la capacidad de reconectar con el sentido de su trabajo.

Las destrezas motivacionales benefician al trabajador y también al equipo, ya que fomentan actitudes proactivas, autonomía, confianza y contagio emocional positivo. Desde la gestión, pueden reforzarse a través de la formación, el acompañamiento y la generación de espacios de reflexión sobre el propósito y el valor del trabajo.

La motivación sostenida no depende exclusivamente de estímulos externos. Las personas que cultivan destrezas motivacionales tienden a ser más constantes, adaptativas y comprometidas, incluso en entornos exigentes o cambiantes.

## 4. Motivación externa e interna

La motivación externa y la motivación interna representan dos fuentes distintas, pero complementarias, del impulso para actuar.

Comprender su diferencia es esencial para diseñar estrategias de gestión del talento más eficaces:

- La **motivación externa** proviene de factores situados fuera de la persona, como el salario, los incentivos, las recompensas, los reconocimientos públicos o el temor a sanciones. Tiene un efecto inmediato, pero puede ser inestable si no se acompaña de elementos más profundos.
- La **motivación interna** surge del propio individuo y se relaciona con el interés, la satisfacción, el crecimiento personal, la pasión por el contenido del trabajo o el sentido que se le atribuye. Es más estable en el tiempo y resistente a las condiciones externas.

 Ejemplo

Un programador puede trabajar motivado externamente por un bono económico por proyecto, pero también internamente por el reto intelectual que supone resolver problemas complejos. Si desaparece la recompensa externa, pero persiste el interés genuino, seguirá mostrando buen desempeño.

Lo ideal en la gestión de equipos no es elegir entre uno u otro tipo de motivación, sino integrar ambas fuentes de manera equilibrada. Las recompensas externas pueden activar la conducta inicial, pero la motivación interna es la que sostiene el compromiso a largo plazo y eleva la calidad del trabajo.

La investigación psicológica muestra que el abuso de recompensas externas puede debilitar la motivación interna si se perciben como controladoras.

*Fig. 2. Es muy importante diseñar incentivos que respeten la autonomía y fomenten el sentido del logro*

## 5. Recompensas informales

Las recompensas informales son formas de reconocimiento no vinculadas a incentivos económicos ni a sistemas formales de evaluación, pero que tienen un alto impacto en la motivación y la satisfacción laboral. Son gestos cotidianos, espontáneos o simbólicos, que expresan aprecio, confianza o valoración del trabajo realizado.

Entre las más comunes se encuentran:

- Felicitaciones verbales o por escrito.
- Agradecimientos públicos en reuniones.
- Delegación de tareas de mayor responsabilidad como muestra de confianza.
- Invitación a participar en proyectos especiales.
- Flexibilidad puntual como recompensa al compromiso.
- Detalles personalizados (notas, mensajes, gestos de cortesía).

 Ejemplo

En una empresa de servicios, el responsable de equipo envía cada viernes un mensaje personalizado de agradecimiento a una persona distinta, destacando su contribución durante la semana. Esta práctica, sencilla y no costosa, genera un ambiente de reconocimiento constante que mejora el clima y refuerza la motivación.

Estas recompensas no sustituyen a los sistemas formales, pero los complementan. Tienen una dimensión emocional y humana que fortalece los vínculos dentro del equipo y construyen una cultura organizacional basada en el respeto y la cercanía.

Las recompensas informales, cuando son sinceras, específicas y oportunas, tienen un efecto motivador superior a muchos incentivos materiales. Sin embargo, si se perciben como rutinarias, genéricas o manipuladoras, pierden su valor.

Fomentar una cultura de reconocimiento informal requiere sensibilidad, atención a los detalles y coherencia. No se trata de elogiar por elogiar, sino de ver, valorar y visibilizar lo que muchas veces pasa desapercibido.

*U. A. 6. ¿Qué es la satisfacción laboral?*

# Resumen

La satisfacción laboral es un indicador del bienestar psicológico y del grado de alineación entre las expectativas personales y las condiciones que ofrece la organización. Su presencia se asocia con un mayor rendimiento, compromiso y permanencia, mientras que su ausencia puede causar desmotivación, rotación, conflictos o deterioro del clima laboral.

Existe una relación directa entre motivación y rendimiento: las personas motivadas rinden más, con mayor calidad y persistencia. La motivación, para ser sostenible, debe estar conectada con factores como el reconocimiento, el propósito, la autonomía o el clima relacional. Además, la evaluación del rendimiento debe incluir tanto cantidad como eficacia, calidad e implicación.

La prevención del fracaso organizacional consiste en detectar y corregir a tiempo las causas evitables del bajo rendimiento: falta de objetivos claros, carencia de recursos, comunicación deficiente, sobrecarga laboral o escaso apoyo emocional. Una cultura que considera el error como aprendizaje favorece la madurez profesional.

Las destrezas motivacionales —como el autoconocimiento, la resiliencia, el autorrefuerzo o la gestión del foco— permiten sostener la motivación de forma autónoma, incluso en entornos exigentes. Estas competencias pueden desarrollarse y generan impacto positivo en todo el equipo.

En cuanto a los tipos de motivación, la externa se basa en recompensas y estímulos del entorno, mientras que la interna nace del interés, el propósito y la satisfacción personal. La motivación más estable y duradera es aquella que combina ambas fuentes de manera equilibrada.

Por último, las recompensas informales (como agradecimientos, elogios, confianza delegada o gestos personalizados) complementan a las formales, fortalecen los vínculos emocionales y mejoran el clima laboral. Si se aplican con sinceridad y coherencia, pueden ser más efectivas que muchos incentivos materiales.

# Glosario

**Destrezas motivacionales**

Conjunto de habilidades personales que permiten sostener la motivación, como el autoconocimiento, la resiliencia o el autorrefuerzo.

**Motivación**

Impulso que activa, dirige y sostiene la conducta hacia metas. En el trabajo, se relaciona con la energía y persistencia en las tareas.

**Motivación externa**

Estímulo que proviene del entorno (recompensas, premios, reconocimientos).

**Motivación interna**

Impulso que nace del interés, la satisfacción personal o el sentido atribuido a la tarea.

**Prevención del fracaso**

Estrategia organizativa orientada a evitar que el bajo rendimiento derive de condiciones corregibles, como falta de claridad, recursos o apoyo.

**Recompensas informales**

Reconocimientos no materiales ni institucionalizados que refuerzan positivamente el esfuerzo, como agradecimientos, elogios o gestos de confianza.

**Rendimiento**

Nivel de eficacia y calidad con el que se realiza una actividad laboral. No se mide solo por cantidad, sino también por implicación y resultado.

**Satisfacción laboral**

Grado de bienestar que una persona experimenta en su trabajo, resultado del equilibrio entre sus expectativas y la realidad organizativa.

# Ejercicios de autoevaluación

**1. ¿Qué representa la satisfacción laboral?**

a. La duración del contrato de trabajo.

b. El número de tareas realizadas.

c. El bienestar y equilibrio entre expectativas personales y condiciones laborales.

d. El salario base mensual.

**2. ¿Cuál de estos factores influye directamente en el rendimiento?**

a. La puntualidad.

b. El tipo de contrato.

c. La motivación.

d. El uso de uniforme.

**3. ¿Qué dimensión NO forma parte de la motivación eficaz?**

a. Dirección.

b. Intensidad.

c. Cargo jerárquico.

d. Persistencia.

**4. ¿Qué implica prevenir el fracaso en la organización?**

a. Aumentar el número de sanciones.

b. Crear condiciones que eviten errores evitables.

c. Aplicar presión constante sobre el equipo.

d. Externalizar tareas complejas.

**5. ¿Cuál es una destreza motivacional?**

a. Tener disponibilidad horaria.

b. Saber fijarse objetivos significativos.

c. Aplicar sanciones al equipo.

d. Realizar informes contables.

**6. ¿Qué define la motivación externa?**

a. Se basa en recompensas y estímulos del entorno.

b. Se enfoca en el autoconocimiento.

c. Surge del propósito personal.

d. Está relacionada con el contenido del trabajo.

**7. ¿Qué tipo de motivación es más estable a largo plazo?**

a. La basada en sanciones.

b. La derivada del miedo al fracaso.

c. La motivación interna.

d. La que depende exclusivamente del líder.

**8. ¿Qué es una recompensa informal?**

a. Un ascenso formal en el organigrama.

b. Un elogio verbal o un mensaje de agradecimiento.

c. Una nómina con pluses.

d. Una reunión de evaluación anual.

**9. ¿Cuál es una consecuencia de una cultura que penaliza el error?**

a. Las personas tienden a ocultar los fallos.

b. Se mejora la creatividad.

c. Se fomenta el aprendizaje abierto.

d. Se reduce la rotación laboral.

**10.¿Qué condición aumenta la efectividad de una recompensa informal?**

    a.  Que se dé en reuniones largas.

    b.  Que sea específica, sincera y oportuna.

    c.  Que sea repetitiva y general.

    d.  Que se envíe de forma automatizada.

*U. A. 6. ¿Qué es la satisfacción laboral?*

# U. A. 7. ¿Qué es la delegación?

## Introducción

La delegación no consiste únicamente en repartir tareas, sino en confiar responsabilidades, transferir autonomía y desarrollar competencias dentro del equipo. Delegar con eficacia implica discernir qué, cuándo y a quién se delega, comunicando con claridad y realizando un acompañamiento equilibrado que fortalezca la autonomía sin caer en el control excesivo.

Junto a la delegación, esta unidad explora herramientas clave para la gestión de equipos como la persuasión (entendida como influencia ética basada en la credibilidad y el diálogo) y la capacidad de generar acción efectiva, es decir, de crear las condiciones necesarias para que las personas quieran y puedan cumplir con sus responsabilidades.

La combinación de estos elementos permite pasar de una lógica de control a una lógica de liderazgo consciente, participativo y orientado al desarrollo colectivo.

## Objetivos

- Comprender el significado profundo de la delegación, diferenciando entre asignación de tareas y transferencia de responsabilidad y autonomía.
- Aplicar estrategias para delegar eficazmente, seleccionando las funciones adecuadas, comunicando con claridad y realizando un acompañamiento constructivo.
- Utilizar la persuasión como herramienta de liderazgo positivo, basada en la confianza, la lógica y la sintonía emocional con el equipo.
- Diseñar acciones concretas para lograr la ejecución efectiva de tareas, combinando estructura organizativa, motivación, seguimiento y reconocimiento.
- Desarrollar un estilo de liderazgo que promueva la participación y la responsabilidad, evitando el control excesivo y fortaleciendo la implicación de los colaboradores.

# 1. Delegar autoridad

La delegación no consiste únicamente en repartir tareas, sino en transferir responsabilidad y autonomía para fomentar el crecimiento profesional, la confianza mutua y la eficiencia operativa.

*Fig. 1. Delegar con eficacia exige una lectura acertada de las capacidades del equipo, claridad en la comunicación y seguimiento equilibrado sin caer en el control excesivo*

Delegar autoridad significa transferir a otra persona la responsabilidad y la capacidad de decisión sobre una tarea o función concreta, dentro de unos límites definidos. No se trata solo de asignar tareas, sino de otorgar autonomía y confianza para que el receptor actúe con criterio propio, asumiendo las consecuencias de sus decisiones.

Delegar de forma eficaz conlleva:

- Seleccionar adecuadamente qué delegar y a quién, en función de las competencias, motivación y carga de trabajo.
- Definir con claridad el alcance, los plazos, los recursos disponibles y los márgenes de decisión.
- Ofrecer apoyo inicial y disponibilidad, sin caer en el *micromanagement*.
- Evitar la delegación de tareas exclusivamente mecánicas, ya que estas no aportan desarrollo al profesional y pueden percibirse como falta de confianza o interés.

Ejemplo

Un jefe de proyecto decide delegar la coordinación de una fase clave a una técnica senior del equipo. Antes de hacerlo, explica los objetivos, los criterios de calidad, el nivel de autonomía y las personas de referencia. A lo largo del proceso, le ofrece espacio para decidir, pero está disponible para orientar si surge alguna dificultad.

Delegar no implica perder el control, sino redistribuir el poder de forma consciente para mejorar la eficiencia y favorecer el desarrollo del equipo. Cuando se ejerce bien, la delegación incrementa la motivación, la implicación y la autoestima profesional.

Anotación

La resistencia a delegar suele estar vinculada al miedo a perder el control, a que las cosas no se hagan "como uno quiere", o a inseguridad sobre el propio liderazgo. Superar estas barreras es clave para el crecimiento de los equipos y para evitar la sobrecarga del responsable.

## 2. El arte de la persuasión

La persuasión es la capacidad de influir en las actitudes, decisiones o comportamientos de otras personas mediante argumentos, emociones o credibilidad, sin recurrir a la imposición.

*Fig. 2. En la gestión de equipos, persuadir no significa manipular, sino convencer de forma ética y respetuosa, basándose en la confianza, la lógica y la empatía*

Entre los elementos para una persuasión efectiva se encuentran:

- **La credibilidad del emisor**: las personas se sienten más receptivas si quien persuade es coherente, competente y confiable.
- **La calidad de los argumentos**: la claridad, la lógica y la conexión con intereses reales son más eficaces que la presión o la ambigüedad.
- **La sintonía emocional**: adaptar el discurso al estado anímico del interlocutor facilita la apertura al cambio.
- **El conocimiento del contexto y del interlocutor**: entender sus motivaciones, miedos o intereses permite adaptar el mensaje y anticipar objeciones.

Ejemplo

Una responsable quiere que su equipo adopte una nueva herramienta de trabajo. En lugar de imponerla, explica cómo facilitará tareas repetitivas, muestra datos de mejora de eficiencia y escucha dudas. También involucra a una persona del equipo que ya la ha probado. Este enfoque persuasivo genera aceptación en lugar de resistencia.

La persuasión es especialmente útil en entornos donde las decisiones requieren consenso, compromiso o cambio cultural. A diferencia del liderazgo autoritario, que impone desde arriba, el liderazgo persuasivo construye acuerdos desde la participación y el diálogo.

Las técnicas de persuasión son más efectivas cuando se alinean con los valores del interlocutor. Cuanto más perciba la persona que el cambio propuesto responde a sus propias convicciones, mayor será su disposición a actuar.

## 3. ¿Cómo conseguir que se hagan las cosas?

Lograr que las tareas se lleven a cabo en tiempo y forma no es solo una cuestión de control o autoridad, sino una combinación de liderazgo, claridad, motivación y acompañamiento. Conseguir que las cosas se hagan no significa presionar, sino generar las condiciones para que el equipo quiera y pueda actuar.

Algunas estrategias para lograrlo son:

- Establecer objetivos claros, alcanzables y comprensibles.
- Asignar responsabilidades explícitas, con personas de referencia y plazos definidos.
- Proporcionar recursos adecuados (información, tiempo, herramientas).
- Supervisar sin controlar, es decir, hacer seguimiento respetuoso y útil.
- Reconocer el esfuerzo y el resultado, incluso cuando el objetivo aún no se ha alcanzado por completo.
- Corregir desviaciones a tiempo, desde el diálogo y la mejora continua, no desde la culpa.

 Ejemplo

Un responsable de área necesita implementar un nuevo protocolo de calidad. En lugar de anunciarlo de forma general, asigna responsables por cada fase, define entregables intermedios, organiza puntos de control semanales y mantiene una comunicación abierta. De este modo, el equipo actúa con claridad, autonomía y compromiso.

Además de la estructura, es esencial trabajar sobre la motivación: no se trata solo de que las personas sepan qué hacer, sino de que encuentren razones para hacerlo bien.

Esto implica vincular las tareas a un propósito, facilitar la participación y generar confianza.

 **Anotación**

La clave no es "hacer que la gente obedezca", sino crear las condiciones para que el trabajo fluya de forma natural, autónoma y responsable. Cuanto más interiorizada está una tarea, menos necesidad hay de supervisión externa.

# Resumen

La delegación va más allá de asignar tareas: implica transferir responsabilidad y autonomía, fomentando el desarrollo profesional, la confianza y la eficiencia operativa. Delegar de forma eficaz supone saber qué funciones se pueden delegar, a quién asignarlas, y cómo acompañar el proceso sin caer en el *micromanagement*. Una delegación bien planteada fortalece el compromiso del equipo y reduce la sobrecarga del responsable.

La persuasión, entendida como una forma ética de influencia, es también una herramienta fundamental de liderazgo. A diferencia de la imposición, la persuasión se basa en la credibilidad, la empatía, la calidad de los argumentos y la sintonía emocional. Es especialmente útil para liderar procesos de cambio, generar consenso y alinear voluntades sin coerción.

Lograr que las tareas se hagan no consiste solo en vigilar, sino en crear las condiciones organizativas, motivacionales y comunicativas necesarias para que las personas actúen con claridad, implicación y autonomía. Establecer objetivos definidos, dar seguimiento sin controlar, y reconocer el esfuerzo son prácticas clave para activar el compromiso.

Un liderazgo consciente y eficaz debe combinar delegación, persuasión y estructura para generar acción sostenible. Este enfoque desplaza la lógica del control por una cultura de confianza, responsabilidad compartida y motivación desde el propósito.

# Glosario

**Delegación**

Proceso mediante el cual una persona transfiere a otra la responsabilidad y autonomía para realizar una tarea o tomar decisiones dentro de ciertos límites.

**Delegar autoridad**

Otorgar a otra persona la capacidad de actuar con criterio propio, asumiendo la responsabilidad de sus decisiones.

**Influencia**

Capacidad de generar cambios en la conducta o decisiones de otros mediante el ejemplo, el diálogo o el reconocimiento.

***Micromanagement***

Estilo de gestión caracterizado por el control excesivo y la falta de confianza en la autonomía del equipo, que suele disminuir la motivación.

**Persuasión**

Habilidad de influir en las ideas, actitudes o comportamientos de los demás a través de argumentos, credibilidad y empatía, sin recurrir a la imposición.

**Responsabilidad compartida**

Modelo de trabajo en el que los miembros del equipo asumen tareas con autonomía, comprometiéndose con los resultados.

**Seguimiento respetuoso**

Supervisión equilibrada que garantiza el avance del trabajo sin invadir la autonomía ni desmotivar a la persona delegada.

# Ejercicios de autoevaluación

**1. ¿Qué implica delegar autoridad?**

    a.  Repartir tareas mecánicas.

    b.  Supervisar constantemente el trabajo ajeno.

    c.  Transferir responsabilidad y capacidad de decisión dentro de límites definidos.

    d.  Evitar responsabilidades.

**2. ¿Cuál es una condición clave para delegar eficazmente?**

    a.  Elegir tareas sin importancia.

    b.  Comunicar con claridad el alcance y ofrecer seguimiento respetuoso.

    c.  Dejar total libertad sin definir objetivos.

    d.  Asignar todas las tareas a un mismo perfil.

**3. ¿Qué efecto tiene el *micromanagement* en un equipo?**

    a.  Disminuye la motivación y la autonomía.

    b.  Mejora el compromiso.

    c.  Fomenta el liderazgo compartido.

    d.  Refuerza la creatividad.

**4. ¿Qué caracteriza a la persuasión en el liderazgo?**

    a.  Se basa en la imposición.

    b.  Se apoya en la credibilidad, la empatía y los argumentos.

    c.  Obliga al equipo a aceptar decisiones.

    d.  Utiliza el miedo como herramienta.

**5. ¿Qué aspecto mejora la persuasión frente al liderazgo autoritario?**

    a. Reduce la productividad.

    b. Favorece el compromiso y el diálogo.

    c. Incrementa la dependencia del líder.

    d. Suprime el debate interno.

**6. ¿Qué se necesita para lograr que las cosas se hagan en un equipo?**

    a. Multitud de normas rígidas.

    b. Presión constante desde la dirección.

    c. Claridad de objetivos, recursos y reconocimiento.

    d. Eliminación de reuniones intermedias.

**7. ¿Qué implica el "seguimiento respetuoso"?**

    a. Control continuo del desempeño.

    b. Supervisión directa con informes diarios.

    c. Supervisar sin invadir la autonomía del equipo.

    d. No intervenir hasta que haya errores.

**8. ¿Cuál de los siguientes es un error frecuente al delegar?**

    a. Asignar solo tareas mecánicas sin autonomía.

    b. Involucrar al equipo en decisiones.

    c. Reconocer el éxito del delegado.

    d. Ofrecer recursos adecuados desde el inicio.

**9. ¿Qué es necesario para una persuasión efectiva?**

    a. Tener superioridad jerárquica.

    b. Conocer al interlocutor y sus motivaciones.

    c. Aumentar la presión sobre el equipo.

    d. Utilizar un lenguaje técnico complejo.

**10.¿Qué estilo de liderazgo promueve la delegación, la persuasión y la acción efectiva?**

a. Autoritario.

b. Jerárquico tradicional.

c. Participativo y consciente.

d. Defensivo y controlador.

*U. A. 7. ¿Qué es la delegación?*

# U. A. 8. ¿Qué es el liderazgo?

## Introducción

El liderazgo es mucho más que el ejercicio del poder formal: consiste en la capacidad de movilizar voluntades, alinear esfuerzos y generar compromiso en torno a una visión compartida. En la práctica organizacional, el liderazgo eficaz se manifiesta en la coherencia, la influencia, la adaptabilidad y el respeto, independientemente de la posición jerárquica ocupada.

Esta unidad explora las distintas dimensiones del liderazgo a través de conceptos como la pirámide organizacional, las lecciones fundamentales del liderazgo práctico, los modelos de liderazgo tridimensional y situacional, y la importancia del autoliderazgo como punto de partida del desarrollo profesional. Estas herramientas permiten comprender mejor cómo liderar en entornos diversos, complejos y cambiantes, y cómo potenciar la autonomía, la responsabilidad y la transformación desde cualquier rol.

## Objetivos

- Comprender el concepto de liderazgo como influencia constructiva y orientada a objetivos comunes, diferenciándolo del simple ejercicio de autoridad jerárquica.
- Analizar los niveles de la pirámide organizacional, identificando sus funciones, características y límites, así como su relación con el estilo de liderazgo requerido en cada nivel.
- Reconocer los principios clave del liderazgo efectivo, aplicando las lecciones esenciales para fomentar la motivación, la confianza y la evolución del equipo.
- Aplicar los modelos de liderazgo tridimensional y situacional, adaptando el estilo de liderazgo a las características del equipo, la tarea y el contexto.
- Desarrollar competencias de autoliderazgo, valorando su importancia en el desempeño profesional, la toma de decisiones y el ejercicio del liderazgo en cualquier posición.

# 1. La pirámide organizacional

El **liderazgo** es la capacidad de movilizar voluntades hacia un objetivo común, estableciendo una visión compartida y cultivando relaciones basadas en la confianza y el respeto.

*Fig. 1. Lejos de depender exclusivamente de una posición jerárquica, el liderazgo auténtico se manifiesta en la influencia, la coherencia, la adaptabilidad y la capacidad de inspirar*

La pirámide organizacional es una representación jerárquica de los distintos niveles de autoridad, responsabilidad y toma de decisiones en una organización. Se estructura en niveles que van desde la dirección estratégica (en la cúspide) hasta los niveles operativos (en la base), permitiendo visualizar cómo se distribuyen las funciones y cómo fluye la información y el poder.

En términos generales, esta pirámide se compone de tres niveles:

- **Alta dirección**: formula la estrategia global, toma decisiones de largo alcance y representa a la organización ante el entorno externo. Define la misión, visión y objetivos generales.
- **Mandos intermedios**: traducen la estrategia en planes operativos, supervisan al personal y coordinan áreas o departamentos. Son un puente fundamental entre la alta dirección y los equipos de base.
- **Nivel operativo**: ejecuta las tareas concretas, aporta información directa sobre los procesos y el cliente, y representa la parte más numerosa de la organización.

Ejemplo

En una empresa logística, la alta dirección decide implementar un nuevo modelo de distribución; los mandos intermedios reorganizan los turnos y definen nuevos protocolos; y el equipo operativo adapta su actividad diaria a los nuevos recorridos y procedimientos.

Aunque la pirámide organizacional es útil para clarificar roles y procesos, también puede generar **limitaciones** si se interpreta de forma rígida o autoritaria. En ese caso, puede provocar lentitud en la toma de decisiones, escasa autonomía, desmotivación o sensación de distancia entre niveles.

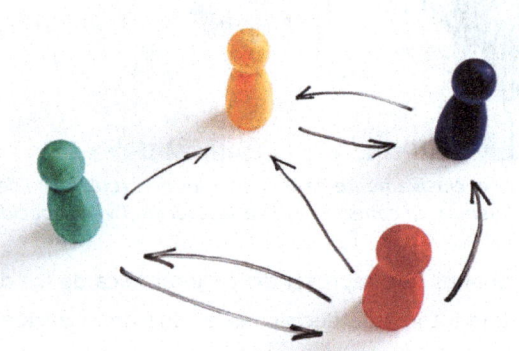

*Fig. 2. Muchas organizaciones actuales tienden a horizontalizar algunas funciones, fomentar el trabajo por proyectos y promover la comunicación transversal, sin eliminar completamente la estructura jerárquica, pero haciéndola más ágil y flexible*

Anotación

La pirámide organizacional debe ser entendida como una herramienta de coordinación, no como un sistema de control absoluto. Cuanto más fluido es el intercambio entre niveles, mayor es la capacidad de adaptación y aprendizaje organizacional.

## 2. Siete lecciones de liderazgo

El liderazgo no es una cualidad innata o un privilegio jerárquico, sino una **capacidad que se ejerce y se desarrolla**. A partir de la observación de líderes eficaces en distintos contextos, se han identificado principios que permiten guiar a las personas, generar compromiso y lograr resultados sostenibles.

Estas pueden resumirse en siete lecciones fundamentales:

- **El liderazgo empieza por uno mismo**: la autoconciencia, la coherencia y la gestión emocional del líder son la base para influir en los demás. No se puede liderar sin liderarse.
- **El ejemplo es la primera herramienta de influencia**: las personas observan más lo que haces que lo que dices. La conducta del líder modela el comportamiento del equipo.
- **Escuchar es más importante que hablar**: entender las necesidades, inquietudes e ideas del equipo permite tomar mejores decisiones y generar confianza.
- **No se lidera desde el poder, sino desde la relación**: el liderazgo efectivo se basa en vínculos de respeto, credibilidad y cercanía, no en el miedo ni en la imposición.
- **Dar sentido al trabajo motiva más que dar instrucciones**: cuando las personas comprenden el propósito de lo que hacen, se implican con mayor profundidad.
- **Delegar es multiplicar liderazgo**: confiar responsabilidades, permitir autonomía y acompañar sin controlar favorece el crecimiento del equipo y reduce la sobrecarga del líder.
- **Un buen líder forma a su reemplazo**: el liderazgo auténtico deja huella, no dependencia.

*Fig. 3. Un líder eficaz empodera, desarrolla capacidades y prepara a otros para asumir responsabilidades*

 **Ejemplo**

Una directora de equipo técnico decide asumir solo aquellas tareas que requieren su experiencia estratégica. El resto las delega en sus colaboradores, a quienes forma y acompaña. Así, logra mayor eficiencia, además de un equipo más maduro y autónomo. Esta conducta refleja varias de las lecciones importantes: autoconocimiento, confianza, delegación y desarrollo del talento.

El liderazgo no es una meta, sino un proceso en evolución constante. Requiere aprender, desaprender, adaptarse a nuevos contextos y estar dispuesto a recibir feedback. Las organizaciones que lo promueven desde todos los niveles fortalecen su resiliencia y capacidad de transformación.

## 3. Liderazgo tridimensional

El liderazgo tridimensional es un modelo que considera que el comportamiento del líder debe equilibrarse en tres dimensiones esenciales para lograr una gestión eficaz del equipo: orientación a la tarea, orientación a las personas y nivel de eficacia del liderazgo.

Este enfoque parte de la idea de que un líder no solo debe lograr resultados, sino hacerlo cuidando las relaciones humanas y adaptando su estilo a las circunstancias.

Las tres dimensiones son:

- **Orientación a la tarea**: grado en que el líder se enfoca en planificar, estructurar, asignar funciones y controlar que se cumplan los objetivos.
- **Orientación a las personas**: grado en que el líder se preocupa por el bienestar, la motivación y el desarrollo del equipo.
- **Eficacia del liderazgo**: nivel en que se logran los objetivos organizacionales sin deteriorar la cohesión ni la satisfacción del grupo.

Un líder con alta orientación a la tarea, pero baja orientación a las personas puede lograr resultados a corto plazo, pero generar fatiga y rotación en el equipo. Otro líder que se centra mucho en las personas, pero descuida los objetivos puede caer en la ineficacia. El liderazgo tridimensional busca armonizar ambas orientaciones para lograr resultados sostenibles.

Este modelo ayuda a los líderes a diagnosticarse y regular su estilo, tomando conciencia de si están descompensando alguna dimensión. También es útil para entrenar a mandos intermedios en la gestión equilibrada de sus funciones.

**Recuerda**

El liderazgo eficaz no se mide solo por el logro de metas, sino también por el modo en que se alcanzan y por el impacto emocional y organizacional que dejan en el equipo.

## 4. Liderazgo situacional

El liderazgo situacional es una teoría desarrollada por Hersey y Blanchard que sostiene que no existe un único estilo de liderazgo válido en todas las circunstancias. En cambio, el líder eficaz es aquel que adapta su comportamiento en función del nivel de madurez o desarrollo del colaborador y de la situación concreta.

Este modelo propone cuatro estilos principales, que se combinan según dos ejes: el grado de dirección (tarea) y el grado de apoyo (relación):

- **Directivo (alto en tarea, bajo en relación)**: se usa cuando el colaborador tiene baja competencia y necesita instrucciones claras.
- **Persuasivo (alto en tarea y relación)**: adecuado para personas con cierta experiencia, pero aún inseguras. El líder orienta y motiva.
- **Participativo (bajo en tarea, alto en relación)**: se emplea cuando el colaborador ya domina la tarea, pero necesita apoyo emocional o reconocimiento.
- **Delegador (bajo en tarea y relación)**: se aplica cuando el colaborador es autónomo y competente. El líder delega y supervisa a distancia.

## Ejemplo

Una jefa de equipo tiene tres personas: una nueva en formación (necesita estilo directivo), otra con experiencia, pero con baja confianza (requiere estilo persuasivo), y una tercera altamente autónoma (se aplica estilo delegador). Adaptando su enfoque a cada caso, mejora el rendimiento general del equipo.

El liderazgo situacional exige **capacidad de observación, flexibilidad y conocimiento de los miembros del equipo**, así como disposición para ajustar la intervención sin rigidez.

## Anotación

Uno de los errores más comunes en la gestión de personas es aplicar el mismo estilo de liderazgo a todos, sin considerar su nivel de competencia, motivación o autonomía. El modelo situacional evita este riesgo mediante una guía clara de adaptación.

## 5. Autoliderazgo

El autoliderazgo es la capacidad de una persona para dirigirse a sí misma, autorregularse, motivarse, tomar decisiones con autonomía y actuar de forma coherente con sus valores y objetivos. Se considera la base del liderazgo interpersonal, ya que no es posible liderar a otros de forma eficaz sin ejercer primero el liderazgo sobre uno mismo.

Las competencias del autoliderazgo incluyen:

- **Autoconciencia**: conocer las propias fortalezas, límites, emociones y valores.
- **Gestión del tiempo y la energía**: establecer prioridades, mantener el foco y prevenir la dispersión.
- **Resiliencia y gestión emocional**: afrontar la adversidad con equilibrio, aprender del error y mantener la motivación.
- **Pensamiento crítico y toma de decisiones**: evaluar opciones, anticipar consecuencias y actuar con criterio propio.
- **Coherencia personal**: alinear lo que se piensa, se dice y se hace, generando integridad.

Ejemplo

Un profesional que sabe identificar cuándo está perdiendo foco, reorganiza sus tareas, pide ayuda si lo necesita y ajusta sus metas cuando detecta cambios en el entorno, está ejerciendo autoliderazgo. Esta capacidad lo convierte en un colaborador valioso y fiable, incluso sin ocupar un cargo jerárquico.

*Fig. 4. El autoliderazgo es especialmente relevante en organizaciones ágiles, entornos híbridos o modelos de trabajo con baja supervisión directa, donde se espera que cada persona actúe con iniciativa y responsabilidad*

 **Recuerda**

Promover el autoliderazgo en los equipos no significa abandonar a las personas, sino darles herramientas, acompañamiento y confianza para que sean agentes activos de su propio desempeño y crecimiento.

# Resumen

El liderazgo no se limita a ejercer autoridad formal, sino que implica la capacidad de influir positivamente, movilizar voluntades y generar compromiso hacia un objetivo compartido. Un liderazgo eficaz se apoya en la coherencia, la adaptabilidad, la confianza y la influencia personal, independientemente del puesto jerárquico ocupado.

La pirámide organizacional representa los distintos niveles de decisión y responsabilidad: alta dirección (estrategia), mandos intermedios (coordinación) y nivel operativo (ejecución). Aunque esta estructura clarifica funciones, también puede limitar si se interpreta de forma rígida. Por ello, muchas organizaciones tienden a modelos más horizontales y flexibles.

Se han identificado siete lecciones fundamentales del liderazgo eficaz: liderar desde el ejemplo, cultivar la autoconciencia, escuchar activamente, establecer relaciones de confianza, dar sentido al trabajo, delegar con autonomía y formar sucesores. Estas prácticas permiten al líder construir equipos autónomos, comprometidos y resilientes.

El modelo de liderazgo tridimensional propone equilibrar tres dimensiones: orientación a la tarea, orientación a las personas y eficacia global. Un líder centrado solo en la tarea puede generar fatiga; uno centrado solo en las personas puede perder efectividad. El liderazgo óptimo armoniza ambas dimensiones.

El liderazgo situacional plantea que no existe un estilo único de liderazgo válido para todas las personas o contextos. Según el nivel de desarrollo de cada colaborador, se aplican estilos directivo, persuasivo, participativo o delegador. Adaptarse con flexibilidad a cada situación mejora el rendimiento colectivo.

Finalmente, el autoliderazgo es la base del liderazgo auténtico. Consiste en la capacidad de autoconducirse, tomar decisiones con autonomía, regular las emociones y actuar con coherencia. Las personas con autoliderazgo se convierten en agentes activos del cambio, más allá de ocupar cargos formales.

# Glosario

**Autoliderazgo**
Capacidad de una persona para dirigir su propio comportamiento, regular sus emociones, tomar decisiones con autonomía y actuar con coherencia.

**Ejemplo como herramienta de liderazgo**
Influencia que se ejerce a través de la coherencia entre lo que el líder dice y lo que hace.

**Liderazgo**
Capacidad de influir positivamente en un grupo para alcanzar objetivos comunes, generando compromiso, dirección y cohesión.

**Liderazgo facilitador**
Estilo de liderazgo que prioriza el desarrollo de los demás, promoviendo la participación, el aprendizaje y la confianza.

**Liderazgo situacional**
Enfoque que adapta el estilo de liderazgo según el nivel de desarrollo, motivación y autonomía del colaborador.

**Liderazgo tridimensional**
Modelo que equilibra tres aspectos clave del liderazgo: orientación a la tarea, orientación a las personas y eficacia global.

**Pirámide organizacional:**
Representación jerárquica de los niveles de decisión y autoridad en una organización (alta dirección, mandos intermedios, nivel operativo).

# Ejercicios de autoevaluación

**1. ¿Qué distingue al liderazgo efectivo del simple ejercicio de autoridad?**

    a. Movilizar voluntades y generar compromiso.

    b. Tener un cargo directivo.

    c. Cumplir estrictamente las normas.

    d. Controlar cada acción del equipo.

**2. ¿Qué nivel de la pirámide organizacional traduce la estrategia en acciones?**

    a. Alta dirección.

    b. Mandos intermedios.

    c. Nivel operativo.

    d. Personal externo.

**3. ¿Cuál de estas es una de las siete lecciones fundamentales del liderazgo?**

    a. Centralizar toda decisión en el líder.

    b. Supervisar en exceso para evitar errores.

    c. Delegar con confianza para desarrollar al equipo.

    d. Evitar hablar con los colaboradores.

**4. En el modelo tridimensional, ¿qué ocurre si solo se prioriza la tarea?**

    a. Se mejora el clima emocional.

    b. Se logran resultados, pero se genera fatiga y rotación.

    c. Aumenta la creatividad del equipo.

    d. Se evita la supervisión.

**5. ¿Qué estilo de liderazgo se usa con personas autónomas y competentes?**

a. Directivo.

b. Persuasivo.

c. Participativo.

d. Delegador.

**6. ¿Qué estilo situacional combina alta dirección y alta relación?**

a. Delegador.

b. Persuasivo.

c. Directivo.

d. Participativo.

**7. ¿Qué caracteriza al liderazgo situacional?**

a. Mantener un único estilo constante.

b. Basarse solo en jerarquías.

c. Adaptar el estilo según la madurez del colaborador.

d. Evitar la interacción con el equipo.

**8. ¿Qué competencia NO forma parte del autoliderazgo?**

a. Autoconciencia.

b. Gestión emocional.

c. Delegación de autoridad a otros.

d. Pensamiento crítico.

**9. ¿Qué aporta el autoliderazgo a los equipos?**

a. Sumisión jerárquica.

b. Dependencia del líder.

c. Iniciativa, autonomía y fiabilidad.

d. Reducción de implicación.

**10.¿Qué error común se evita aplicando liderazgo situacional?**

a. Escuchar demasiado al equipo.

b. Tratar igual a personas con niveles distintos de competencia.

c. Reconocer públicamente a los colaboradores.

d. Fomentar la participación.

# U. A. 9. ¿Qué es la comunicación?

## Introducción

La comunicación es el eje que articula todos los procesos de interacción en los equipos de trabajo. A través de ella se transmiten ideas, emociones, expectativas y decisiones que afectan directamente al rendimiento, la motivación y la cohesión grupal. Una comunicación eficaz no se limita a transmitir información, sino que busca generar comprensión y conexión, adaptándose a los canales, códigos y modelos mentales de quienes participan en el proceso.

Esta unidad profundiza en los distintos aspectos que configuran una comunicación efectiva en el entorno laboral: desde el arte de escuchar, la comunicación no verbal y los modelos mentales, hasta la planificación estratégica y el diseño de una comunicación interna sólida y multidimensional. Comprender y aplicar estos principios permite prevenir conflictos, facilitar el liderazgo, y fortalecer una cultura organizacional basada en la confianza y la participación.

## Objetivos

- Comprender el proceso comunicativo en el entorno laboral, identificando sus elementos, barreras y condiciones de eficacia.
- Aplicar habilidades de escucha activa y comunicación no verbal, valorando su impacto en las relaciones interpersonales y en la dinámica de equipo.
- Reconocer la influencia de los modelos mentales en la interpretación de los mensajes y en la gestión de los malentendidos dentro del grupo.
- Analizar las distintas dimensiones de la comunicación organizacional (ascendente, descendente, horizontal, transversal e informal) y su función en la coordinación y el clima laboral.
- Diseñar estrategias de comunicación interna planificada, orientadas a mejorar la transparencia, la cohesión y la implicación del personal.

# 1. La comunicación

La comunicación constituye la base de toda dinámica grupal, ya que a través de ella se comparten intenciones, emociones, conocimientos y valores. En los equipos de trabajo, una comunicación efectiva mejora la coordinación, previene malentendidos y fortalece la cohesión, mientras que su deterioro puede generar desconfianza, conflictos y desorganización.

La comunicación es el proceso mediante el cual las personas intercambian información, ideas, emociones y significados, utilizando un sistema compartido de símbolos (verbales, no verbales, escritos o visuales). En el entorno laboral, comunicar bien no es solo transmitir datos, sino generar comprensión, conexión y coordinación.

En los equipos de trabajo, la comunicación es un factor transversal que afecta a todos los procesos: liderazgo, colaboración, resolución de conflictos, toma de decisiones, motivación y clima organizacional. Una comunicación eficaz reduce errores, fortalece relaciones y mejora el rendimiento.

El proceso comunicativo implica varios elementos esenciales:

- **Emisor**: quien genera y envía el mensaje.
- **Mensaje**: contenido que se desea comunicar.
- **Canal**: medio a través del cual se transmite el mensaje (oral, escrito, digital...).
- **Receptor**: quien recibe e interpreta el mensaje.
- **Código**: lenguaje o sistema compartido de signos.
- **Retroalimentación (*feedback*)**: respuesta del receptor, que cierra el ciclo comunicativo.
- **Ruido**: cualquier interferencia que distorsione el mensaje (físico, emocional, tecnológico, cultural...).

**Ejemplo**

Una líder comunica un cambio de procedimiento por correo electrónico, pero no comprueba si ha sido comprendido. Días después, se detectan errores. Al revisar el caso, se observa que el mensaje era ambiguo y el equipo no tuvo oportunidad de aclarar dudas. La ausencia de retroalimentación y la elección de un canal poco adecuado generaron una ruptura en la comunicación.

Una comunicación organizacional saludable requiere claridad, coherencia, empatía y oportunidad. Además, debe adaptarse a los canales y códigos adecuados al contexto y a las personas implicadas.

Comunicar no es simplemente hablar o escribir, sino lograr que el otro entienda lo que realmente queremos decir. Por eso, la calidad de la comunicación no se mide por la intención del emisor, sino por la comprensión del receptor.

## 2. El arte de escuchar

Escuchar no es lo mismo que oír. Escuchar implica atención activa, disposición a comprender y apertura al otro. En la gestión de equipos, escuchar bien es una herramienta de liderazgo, motivación y resolución de conflictos. Es, además, una señal de respeto y valoración hacia los interlocutores.

El arte de escuchar requiere el desarrollo de varias habilidades:

- **Presencia plena**: dejar de hacer otras cosas y centrar la atención en quien habla.
- **Evitar interrupciones**: permitir que el otro termine sus ideas antes de responder.
- **Reformulación o parafraseo**: devolver lo escuchado para comprobar que se ha comprendido correctamente ("Entiendo que lo que estás diciendo es…").
- **Observación del lenguaje no verbal**: captar emociones, incongruencias o matices más allá de las palabras.

- **Gestión del juicio interno**: suspender la evaluación inmediata para comprender desde la perspectiva del otro.
- **Mostrar interés genuino**: a través de preguntas abiertas, gestos afirmativos o comentarios pertinentes.

Un colaborador acude a su superior para expresar su preocupación por la sobrecarga de trabajo. Este deja lo que está haciendo, le mira a los ojos, escucha sin interrumpir, resume lo que ha entendido y agradece la confianza. Aunque no tenga una solución inmediata, el simple hecho de haber sido escuchado de forma activa disminuye la tensión y mejora la relación.

Escuchar bien también implica distinguir entre lo que se dice y lo que realmente se quiere decir, algo que requiere sensibilidad emocional y práctica.

*Fig. 1. Muchas veces, detrás de una queja hay una necesidad no verbalizada; detrás de un silencio, un malestar no expresado*

## 3. Comunicación no verbal

La comunicación no verbal comprende todos aquellos mensajes que se transmiten sin utilizar palabras. A través de gestos, posturas, expresiones faciales, tono de voz, silencios, proximidad física o incluso la forma de vestir, las personas comunican constantemente estados emocionales, actitudes, intenciones y niveles de apertura o rechazo.

*Fig. 2. Se estima que una parte importante del impacto comunicativo está condicionado por elementos no verbales*

Esto significa que lo que se dice puede verse reforzado, matizado o contradicho por cómo se dice.

Las principales formas de comunicación no verbal son:

- **Expresiones faciales**: reflejan emociones básicas (alegría, sorpresa, enfado, tristeza, etc.) y son universales.
- **Gestos y movimientos corporales**: ilustran ideas, indican apertura o cierre, marcan ritmo, entre otros.
- **Postura corporal**: puede denotar seguridad, cansancio, interés o desinterés.
- **Tono, volumen y ritmo de voz** (paralenguaje): modulan el significado del mensaje verbal.
- **Contacto visual**: transmite atención, respeto, confianza o dominio.
- **Proximidad o distancia**: indica relación emocional, jerarquía o necesidad de espacio.
- **Silencios**: pueden expresar reflexión, incomodidad, desacuerdo o respeto.

**Ejemplo**

Una responsable felicita verbalmente a un trabajador por un buen desempeño, pero lo hace sin mirarlo, con tono monótono y brazos cruzados. Aunque sus palabras son positivas, su comunicación no verbal contradice el mensaje, provocando desconfianza y desmotivación.

Una comunicación eficaz exige congruencia entre lenguaje verbal y no verbal. La incoherencia entre ambos elementos genera ambigüedad o rechazo, ya que las personas tienden a creer más en lo que ven o sienten que en lo que escuchan.

**Anotación**

Tomar conciencia de los propios mensajes no verbales es una competencia esencial para líderes, formadores, comerciales y, en general, para cualquier persona que quiera mejorar su influencia y conexión interpersonal.

## 4. Modelos mentales y comunicación

Los modelos mentales son las representaciones internas que cada persona construye sobre cómo funciona el mundo, cómo deben ser las relaciones, qué se considera importante o cómo deben interpretarse ciertos hechos. Estos modelos influyen directamente en cómo se perciben los mensajes, cómo se interpretan las palabras del otro y cómo se responde ante ellas.

En la comunicación, los modelos mentales actúan como filtros. Dos personas pueden oír exactamente el mismo mensaje y entender cosas muy distintas, porque lo interpretan desde sus creencias, experiencias previas, valores y marcos culturales.

Las características de los modelos mentales son:

- Son invisibles, pero determinan nuestras respuestas.
- Se construyen a lo largo del tiempo, a partir de la educación, la cultura, el entorno social y las vivencias.
- Pueden facilitar o bloquear la comprensión, dependiendo de su rigidez o apertura.
- Pueden ser modificados, si se toma conciencia de ellos y se contrastan con otras perspectivas.

**Ejemplo**

En una reunión, un líder pide a su equipo que "se implique más en los objetivos". Algunos lo interpretan como un reto positivo; otros, como una crítica encubierta. La diferencia está en los modelos mentales de cada uno: para unos, pedir esfuerzo es una señal de confianza; para otros, un indicio de insatisfacción o amenaza.

Comprender que cada persona opera con modelos mentales distintos ayuda a evitar juicios precipitados, aclarar malentendidos y fomentar el diálogo abierto. Un líder que conoce este fenómeno puede reformular sus mensajes, pedir retroalimentación o comprobar si lo que quiso decir ha sido realmente comprendido.

En equipos diversos, la gestión de modelos mentales es fundamental para evitar choques culturales, malinterpretaciones y conflictos innecesarios. Fomentar la metacomunicación, es decir, hablar sobre cómo nos comunicamos, permite desactivar muchos de estos bloqueos.

## 5. Comunicación multidimensional

La comunicación multidimensional se refiere a la variedad de direcciones, canales y niveles en los que fluye la comunicación dentro de una organización. No es un fenómeno lineal ni unidireccional, sino un sistema dinámico en el que los mensajes se desplazan de forma ascendente, descendente, horizontal y transversal, utilizando medios tanto formales como informales.

Las principales dimensiones de la comunicación en una organización son:

- **Comunicación descendente**: va desde los niveles superiores hacia los inferiores. Se utiliza para dar instrucciones, transmitir decisiones, comunicar objetivos o normas.
- **Comunicación ascendente**: fluye desde los empleados hacia los niveles directivos. Aporta retroalimentación, propuestas, inquietudes o datos desde la base.
- **Comunicación horizontal**: se da entre personas o departamentos del mismo nivel jerárquico. Favorece la coordinación, la cooperación y el trabajo en equipo.
- **Comunicación transversal**: rompe las estructuras formales y conecta a personas de distintos niveles y áreas con un fin específico (proyectos interdepartamentales, innovación, resolución de problemas complejos).
- **Comunicación informal**: se produce fuera de los canales estructurados, pero cumple una función social y emocional muy relevante (relaciones personales, rumores, afinidades espontáneas).

 Ejemplo

En una empresa industrial, la dirección comunica nuevas directrices operativas (comunicación descendente). Los operarios reportan problemas en la aplicación diaria (ascendente). Paralelamente, los supervisores de producción y calidad coordinan sus procedimientos (horizontal) y se crea un grupo mixto para rediseñar el proceso (transversal).

Una gestión adecuada de estas dimensiones favorece la agilidad, la transparencia y el alineamiento estratégico. Por el contrario, una organización que solo comunica de arriba hacia abajo tiende a perder información valiosa, generar malentendidos y debilitar la participación.

# 6. Comunicación interna

La comunicación interna es el conjunto de procesos, herramientas y prácticas que permiten el flujo de información y el intercambio significativo entre los miembros de una organización. Su objetivo principal es informar, cohesionar, motivar y alinear a los equipos con los valores y objetivos comunes.

Una comunicación interna bien gestionada:

- Aumenta la transparencia y reduce la incertidumbre.
- Fortalece la cultura organizacional y el sentimiento de pertenencia.
- Favorece el trabajo en equipo y la resolución de conflictos.
- Contribuye a prevenir rumores y malentendidos.
- Mejora la imagen de la organización desde dentro (clima laboral).

Los canales de comunicación interna pueden ser formales (intranet, boletines, reuniones, tablones, correos institucionales) o informales (espacios de descanso, mensajes espontáneos, dinámicas sociales). Lo importante no es solo la herramienta, sino la intención, la coherencia del mensaje y la calidad del intercambio.

Ejemplo

Una empresa lanza un boletín mensual con información relevante sobre cambios organizativos, reconocimientos a empleados, nuevos proyectos y espacio para sugerencias. Esta herramienta genera implicación, reduce rumores y permite al personal sentirse parte activa de la organización.

La comunicación interna no puede ser unidireccional ni puramente informativa. Debe generar diálogo, participación y escucha activa.

*Fig. 3. Una organización que escucha a su gente toma mejores decisiones y se adapta con mayor agilidad*

## 7. Planificar las comunicaciones

Planificar las comunicaciones implica diseñar de forma estratégica los mensajes, canales, momentos y responsables del proceso comunicativo dentro de una organización o equipo. Esta planificación busca que la información fluya de manera clara, eficaz, oportuna y coherente con los objetivos y valores institucionales.

Una buena planificación considera:

- **Qué comunicar**: contenidos relevantes, claros, alineados con la estrategia.
- **A quién comunicarlo**: público interno o externo, segmentado según intereses o necesidades.
- **Cuándo comunicarlo**: elegir el momento más oportuno según urgencia, contexto o sensibilidad del mensaje.
- **Cómo comunicarlo**: tono, canal (oral, escrito, digital, visual), nivel de detalle y recursos de apoyo.
- **Quién lo comunica**: portavoces o figuras que tengan legitimidad y credibilidad ante los destinatarios.

 **Ejemplo**

Antes de lanzar un cambio organizativo, una empresa planifica: primero, informar al equipo directivo; luego, preparar reuniones por departamentos con mensajes claros y espacio para dudas; finalmente, compartir un documento resumen en la intranet con preguntas frecuentes. Esta secuencia reduce el impacto negativo del cambio y mejora la aceptación.

La planificación de la comunicación también permite anticipar resistencias, alinear discursos y generar consistencia entre lo que se dice y lo que se hace. No comunicar o hacerlo mal genera desconfianza, desconexión y rumores difíciles de controlar.

Toda comunicación no planificada deja espacio a la interpretación. Por ello, el silencio también comunica, y muchas veces, comunica miedo, desorganización o falta de liderazgo.

# Resumen

La comunicación es el eje central de las relaciones en los equipos de trabajo. No se trata solo de transmitir datos, sino de generar comprensión, conexión y coordinación. Un proceso comunicativo eficaz implica emisor, mensaje, canal, receptor, código, retroalimentación y la gestión del ruido. Una mala comunicación puede generar errores, conflictos y pérdida de eficiencia.

Escuchar de forma activa es una habilidad clave para el liderazgo y el trabajo en equipo. La escucha activa requiere presencia, evitar interrupciones, mostrar interés, reformular lo escuchado y atender al lenguaje no verbal. Escuchar es comprender más allá de las palabras, captando emociones, intenciones y necesidades.

La comunicación no verbal complementa o contradice lo que se dice con palabras. Incluye expresiones faciales, gestos, postura corporal, tono de voz, silencios y proximidad. Su congruencia con el mensaje verbal es fundamental para generar credibilidad. Las personas tienden a confiar más en lo que ven o perciben emocionalmente que en lo que oyen.

Los modelos mentales son esquemas internos que influyen en cómo interpretamos los mensajes. Cada persona decodifica la información desde su experiencia, creencias y valores. Reconocer la diversidad de modelos mentales en un equipo ayuda a prevenir malentendidos y favorece una comunicación más empática y efectiva.

La comunicación multidimensional refleja que el flujo de mensajes en las organizaciones ocurre en muchas direcciones: descendente (de jefes a subordinados), ascendente (de empleados a dirección), horizontal (entre iguales), transversal (entre diferentes departamentos) e informal (fuera de los canales formales). Una organización saludable gestiona todas estas formas con apertura y planificación.

La comunicación interna es el conjunto de herramientas, procesos y prácticas que permiten compartir información, valores y objetivos dentro de una organización. Una buena comunicación interna mejora la cohesión, la motivación, previene rumores y fortalece el sentido de pertenencia.

Planificar las comunicaciones implica definir estratégicamente qué se comunica, a quién, cuándo, cómo y quién lo comunica. Anticiparse a resistencias, elegir los canales adecuados y diseñar mensajes claros son prácticas clave para evitar errores, generar confianza y mejorar la aceptación de decisiones organizativas.

# Glosario

**Comunicación**

Proceso mediante el cual se intercambian ideas, emociones o información mediante un código común. Es clave para la coordinación, la confianza y el rendimiento en los equipos.

**Comunicación interna**

Conjunto de herramientas y prácticas que permiten el intercambio de información y valores dentro de una organización, con el fin de cohesionar y motivar al personal.

**Comunicación multidimensional**

Flujo comunicativo en diferentes direcciones dentro de una organización: ascendente, descendente, horizontal, transversal e informal.

**Comunicación no verbal**

Transmisión de mensajes a través de gestos, posturas, tono de voz, expresiones faciales y otros elementos que no son palabras.

**Escucha activa**

Habilidad de prestar atención plena al interlocutor, mostrando interés, evitando interrupciones y reformulando lo escuchado para confirmar comprensión.

**Modelo mental**

Esquema interno que cada persona utiliza para interpretar la realidad y los mensajes que recibe. Influye en cómo se entiende y responde a la comunicación.

**Planificación comunicativa**

Organización estratégica de los mensajes, canales, tiempos y emisores con el objetivo de garantizar una comunicación clara, eficaz y alineada con los objetivos.

# Ejercicios de autoevaluación

1. **¿Cuál es el objetivo principal de una comunicación eficaz?**

   a. Generar comprensión y conexión entre los interlocutores.
   b. Transmitir el mayor volumen de datos posible.
   c. Hablar sin interrupciones.
   d. Mantener el control del equipo.

2. **¿Qué elemento NO forma parte del proceso comunicativo?**

   a. Emisor.
   b. Evaluador.
   c. Mensaje.
   d. Retroalimentación.

3. **¿Qué habilidad clave implica la escucha activa?**

   a. Hablar con autoridad.
   b. Reformular lo escuchado para asegurar comprensión.
   c. Corregir al interlocutor.
   d. Anotar todo sin mirar al otro.

4. **¿Qué transmite la comunicación no verbal?**

   a. Solo información técnica.
   b. Estados emocionales, actitudes e intenciones.
   c. Horarios de trabajo.
   d. Procedimientos administrativos.

**5. ¿Qué ocurre si hay incongruencia entre mensaje verbal y no verbal?**

    a. Mejora la claridad del mensaje.

    b. Se genera ambigüedad y desconfianza.

    c. Se fomenta la creatividad.

    d. Se incrementa la productividad.

**6. ¿Qué son los modelos mentales?**

    a. Métodos de planificación de tareas.

    b. Técnicas de liderazgo.

    c. Esquemas internos que influyen en cómo interpretamos los mensajes.

    d. Normas de comportamiento laboral.

**7. ¿Qué tipo de comunicación conecta áreas diferentes para un proyecto común?**

    a. Ascendente.

    b. Descendente.

    c. Horizontal.

    d. Transversal.

**8. ¿Qué canal pertenece a la comunicación informal?**

    a. Boletín corporativo.

    b. Reunión de dirección.

    c. Mensaje de correo institucional.

    d. Conversación espontánea en la pausa del café.

**9. ¿Qué debe tener una comunicación interna efectiva?**

a. Jerarquía rígida y control total.

b. Información unilateral desde la dirección.

c. Transparencia, diálogo y participación.

d. Exclusividad en canales digitales.

**10.¿Por qué es importante planificar las comunicaciones?**

a. Para que los mensajes sean claros, oportunos y estratégicos.

b. Para evitar toda improvisación.

c. Para reducir el número de reuniones.

d. Para simplificar los mensajes al máximo.

# U. A. 10. ¿Qué es un equipo de trabajo?

## Introducción

Un equipo de trabajo no es simplemente un grupo de personas que coinciden en una tarea, sino una estructura funcional que se basa en la cooperación, la complementariedad y la orientación a metas comunes. La diferencia fundamental entre grupo y equipo reside en el grado de coordinación, el compromiso compartido y la identidad colectiva que se construye a partir de la interacción.

Para que un equipo funcione de manera efectiva, no basta con reunir talento individual: es necesario fomentar la comunicación abierta, definir roles claros, gestionar adecuadamente los conflictos y generar un ambiente de confianza. Además, la motivación colectiva es clave para mantener el esfuerzo sostenido, la resiliencia ante los desafíos y la capacidad de aprendizaje continuo.

Esta unidad permite comprender los fundamentos del trabajo en equipo, las claves para su desarrollo y las estrategias para motivar a los integrantes desde una perspectiva colaborativa y emocionalmente inteligente.

## Objetivos

- Diferenciar entre grupo y equipo de trabajo, identificando las características esenciales que convierten una colaboración en una estructura cohesionada y eficaz.
- Comprender las ventajas del trabajo en equipo, valorando su impacto en la innovación, la eficiencia y el compromiso organizacional.
- Aplicar los principios clave para el funcionamiento efectivo de un equipo, como la claridad de roles, la comunicación respetuosa, la confianza y el liderazgo facilitador.
- Analizar estrategias para motivar a un equipo, integrando elementos como el reconocimiento colectivo, la participación, el desarrollo individual y el sentido compartido del propósito.
- Diagnosticar disfunciones comunes en el trabajo en equipo y proponer soluciones prácticas para mejorar la cohesión, la coordinación y el clima grupal.

# 1. Trabajar en equipo

Un **equipo de trabajo** es mucho más que un grupo de personas que comparten una tarea: es una unidad funcional que se caracteriza por la cooperación, la complementariedad y la orientación a objetivos comunes.

*Fig. 1. La calidad de un equipo no depende únicamente del talento individual, sino de su capacidad de colaboración, adaptabilidad y compromiso conjunto*

Trabajar en equipo no se limita a compartir un espacio físico o una misma tarea: implica colaborar activamente con otras personas hacia un objetivo común, integrando habilidades, experiencias y perspectivas diversas. Un equipo efectivo es aquel en el que cada miembro aporta lo mejor de sí mismo y, al mismo tiempo, se beneficia del valor colectivo.

La diferencia entre grupo y equipo radica en que el equipo tiene una meta compartida, roles interdependientes y una identidad cohesionada. En él, los logros son el resultado del esfuerzo coordinado, no de una suma aislada de acciones individuales.

Las ventajas del trabajo en equipo son:

- Favorece la innovación y la creatividad gracias a la diversidad de ideas.
- Mejora la eficiencia al distribuir las tareas según fortalezas.

- Incrementa el compromiso cuando las personas se sienten parte activa del proceso.
- Permite afrontar situaciones complejas de forma conjunta y resiliente.
- Facilita el aprendizaje compartido y el desarrollo de habilidades sociales.

 **Ejemplo**

Un equipo de atención al cliente afronta una campaña con alta demanda. En lugar de que cada uno actúe por separado, comparten estrategias, se turnan en tareas más exigentes, se apoyan emocionalmente y logran cumplir los objetivos con menor estrés y mejores resultados.

El trabajo en equipo no surge de manera espontánea: requiere normas claras, liderazgo facilitador y espacios para la comunicación y la confianza. Sin estos elementos, puede derivar en desorganización, tensiones o dependencia excesiva de algunos miembros.

## 2. Claves del trabajo en equipo

Para que el trabajo en equipo sea efectivo y sostenible, es necesario que se den ciertas condiciones que faciliten la cohesión, la coordinación y el rendimiento.

Entre las más relevantes se encuentran:

- **Objetivos comunes y compartidos**: todos deben conocer y comprender hacia dónde se dirige el esfuerzo colectivo.
- **Roles claros y complementarios**: cada persona sabe qué se espera de ella y cómo su función encaja con la de los demás.
- **Comunicación abierta y respetuosa**: se fomenta el diálogo, la escucha activa y la expresión de ideas o discrepancias sin temor.
- **Confianza mutua**: se reconoce la buena intención del otro, se delega sin recelo y se acepta la vulnerabilidad sin juicio.
- **Liderazgo facilitador**: el líder promueve la participación, media en los conflictos y reconoce los logros colectivos.

- **Gestión constructiva del conflicto**: las diferencias no se reprimen ni se magnifican, sino que se abordan como oportunidades de mejora.
- **Evaluación y mejora continua**: el equipo reflexiona sobre su propio funcionamiento y busca formas de optimizar sus dinámicas.

**Ejemplo**

En un equipo de desarrollo de software, se asignan roles según especialidad (*backend*, *frontend*, *testing*), se realizan reuniones ágiles para compartir avances, y se promueve la crítica constructiva del código ajeno. Esta estructura clara y colaborativa mejora la productividad y la calidad del producto.

Cuando alguna de estas claves falla, aparecen síntomas como falta de coordinación, duplicidad de tareas, baja moral o conflictos personales. Por ello, el equipo no debe considerarse una estructura estática, sino una dinámica en evolución que necesita ser gestionada activamente.

## 3. Motivando al equipo

La motivación colectiva es uno de los factores más determinantes en el rendimiento y la cohesión de un equipo. A diferencia de la motivación individual, que responde a necesidades personales, la motivación de un equipo se basa en el sentimiento compartido de propósito, pertenencia y reconocimiento.

Algunas estrategias eficaces para motivar al equipo incluyen:

- **Compartir logros y celebrar éxitos**: dar visibilidad al trabajo colectivo refuerza la autoestima del grupo.
- **Involucrar en la toma de decisiones**: cuando las personas sienten que su voz cuenta, se implican más en los resultados.
- **Reconocer tanto el esfuerzo como el resultado**: valorar el proceso, no solo el cumplimiento de metas fortalece la motivación intrínseca.

- **Favorecer el desarrollo de cada miembro**: permitir que las personas crezcan dentro del equipo (formación, nuevos retos) incrementa el compromiso.
- **Crear un clima de apoyo y colaboración**: evitar la competencia interna destructiva y fomentar la ayuda mutua genera confianza y bienestar.

En un equipo de ventas, se implementa una práctica semanal donde cada miembro destaca una contribución positiva de un compañero. Este simple gesto fortalece la moral colectiva, mejora las relaciones y genera un ambiente más motivador.

Además, es esencial que el equipo sienta que su trabajo tiene un impacto real, que contribuye a un propósito mayor. Esta conexión con el "para qué" del trabajo colectivo es uno de los motores más poderosos de la motivación sostenible.

Un equipo motivado no es aquel que siempre está eufórico, sino aquel que sabe superar momentos difíciles, mantiene la implicación y aprende de los retos. El liderazgo emocional, la escucha activa y el reconocimiento constante son pilares para alimentar esa motivación compartida.

# Resumen

Un equipo de trabajo es una unidad funcional basada en la cooperación, la complementariedad y la orientación a objetivos comunes. A diferencia de un grupo, donde puede haber solo coexistencia, en el equipo se establece una identidad colectiva, roles definidos, coordinación efectiva y un compromiso compartido.

Para que el trabajo en equipo sea efectivo, no basta con reunir talento: es necesario construir una estructura que favorezca la comunicación abierta, el liderazgo facilitador y la confianza mutua. La diferencia entre grupo y equipo se manifiesta especialmente en la forma en que se integran las capacidades individuales para lograr resultados conjuntos.

Las ventajas del trabajo en equipo incluyen mayor innovación, distribución eficiente de tareas según fortalezas, aumento del compromiso y resiliencia ante dificultades. Sin embargo, estas ventajas solo se alcanzan si se gestionan bien los roles, se abordan los conflictos de forma constructiva y se mantiene una evaluación continua del funcionamiento del equipo.

La motivación colectiva es esencial para sostener la implicación del equipo. Se puede fortalecer a través del reconocimiento, la participación, el desarrollo individual dentro del grupo y la conexión con un propósito significativo. No se trata solo de mantener el ánimo alto, sino de cultivar la capacidad del equipo para superar retos y crecer.

# Glosario

**Cohesión grupal**
Grado de unión, confianza y compromiso entre los miembros de un equipo, esencial para su estabilidad y rendimiento.

**Colaboración**
Acción de trabajar conjuntamente con otros, integrando habilidades y esfuerzos hacia una meta compartida.

**Confianza mutua**
Creencia compartida en la fiabilidad, intención positiva y competencia de los demás miembros del equipo.

**Equipo de trabajo**
Conjunto de personas que colaboran de forma coordinada y complementaria para alcanzar objetivos comunes, compartiendo responsabilidades y procesos.

**Liderazgo facilitador**
Estilo de liderazgo que promueve la participación, el respeto mutuo y el desarrollo del equipo como conjunto.

**Motivación colectiva**
Energía compartida por el grupo que impulsa la implicación, la resiliencia y el logro de objetivos comunes.

**Rol**
Función específica que una persona desempeña dentro de un equipo, relacionada con sus competencias y responsabilidades.

# Ejercicios de autoevaluación

**1. ¿Cuál es una diferencia esencial entre grupo y equipo?**

    a. La coordinación, el compromiso y la identidad colectiva.

    b. El número de personas que lo integran.

    c. La antigüedad de los miembros.

    d. La cantidad de tareas asignadas.

**2. ¿Qué se necesita para que un equipo funcione eficazmente?**

    a. Miembros con el mismo perfil.

    b. Comunicación abierta, confianza y roles definidos.

    c. Supervisión continua y control jerárquico.

    d. Incentivos económicos permanentes.

**3. ¿Cuál de las siguientes es una ventaja del trabajo en equipo?**

    a. Menor necesidad de comunicación.

    b. Mayor innovación y compromiso.

    c. Eliminación de conflictos.

    d. Mayor autonomía individual.

**4. ¿Qué ocurre si no se gestionan los roles dentro del equipo?**

    a. Se incrementa la productividad.

    b. Todos trabajan con mayor autonomía.

    c. Surgen descoordinación, duplicidades o tensiones.

    d. Mejora la cohesión grupal.

**5. ¿Qué factor NO es una clave para el buen funcionamiento del equipo?**

    a. Objetivos comunes.

    b. Comunicación respetuosa.

    c. Competencia interna permanente.

    d. Liderazgo facilitador.

**6. ¿Qué es el liderazgo facilitador?**

    a. El que impone decisiones.

    b. El que se basa en el control estricto.

    c. El que delega sin supervisión.

    d. El que promueve la participación y la colaboración.

**7. ¿Qué efecto tiene la confianza mutua en el equipo?**

    a. Reduce el diálogo.

    b. Fomenta la delegación, la apertura y el compromiso.

    c. Elimina la necesidad de roles.

    d. Hace innecesario el liderazgo.

**8. ¿Qué elemento motiva a un equipo de manera colectiva?**

    a. Competencia individual.

    b. Reconocimiento compartido y sentido del propósito.

    c. Premios individuales.

    d. Aislamiento del grupo.

**9. ¿Qué práctica puede fortalecer la motivación del equipo?**

    a. Evaluar solo los resultados finales.

    b. Ignorar los conflictos.

    c. Celebrar logros y destacar contribuciones.

    d. Asignar tareas sin preguntar.

**10.¿Qué define a un equipo de trabajo efectivo?**

a. Que todos piensen igual.

b. Que cada uno actúe por separado.

c. Que coordinen habilidades diversas hacia un objetivo común.

d. Que trabajen bajo presión constante.

*U. A. 10. ¿Qué es un equipo de trabajo?*

# Aplicaciones prácticas

## Aplicación práctica 1. Tipo de motivación

U. A. 6. ¿Qué es la satisfacción laboral?

A continuación, se describen dos situaciones reales que pueden ocurrir en el entorno laboral.

| Situación 1 | Situación 2 |
|---|---|
| Carlos, analista de datos, se queda fuera del horario habitual trabajando en un proyecto. No lo hace por orden directa ni por recibir una bonificación, sino porque le entusiasma resolver el problema planteado y siente satisfacción personal cuando encuentra patrones complejos en los datos. | María, comercial, intensifica sus llamadas durante el último mes del trimestre. Lo hace motivada por un sistema de comisiones que incrementa significativamente sus ingresos si alcanza ciertos objetivos de ventas establecidos por la empresa. |

Responde a las siguientes cuestiones teniendo en cuenta la situación de Carlos y María.

- Explica cómo influye el tipo de motivación de Carlos y María en su rendimiento laboral. ¿Qué relación encuentras entre motivación y productividad en cada caso?
- ¿Qué mecanismos podrían emplear Carlos y María para prevenir el fracaso en sus tareas? ¿Crees que su tipo de motivación les ayuda o les perjudica en este sentido?
- Identifica qué destrezas motivacionales personales está poniendo en práctica cada uno. ¿Qué habilidades emocionales o personales están influyendo en su comportamiento laboral?
- Determina qué tipo de motivación predomina en cada caso (interna o externa) y justifica tu respuesta con ejemplos concretos de las situaciones descritas.

## Aplicación práctica 2. Delegar autoridad

U. A. 7. ¿Qué es la delegación?

En una empresa de servicios digitales, el responsable de proyectos decide "delegar" la planificación de una campaña a una trabajadora con alto rendimiento. Le entrega un listado de tareas, le indica cómo debe ejecutar cada paso y le exige que le consulte antes de tomar cualquier decisión.

A pesar de ello, cuando la campaña fracasa, el responsable afirma que ella no ha estado a la altura.

Desde el punto de vista de la gestión de equipos:

- ¿Qué error principal se ha cometido en el proceso de delegación?
- ¿Cómo debería haber actuado el responsable para que la delegación fuera efectiva?
- ¿Qué consecuencias puede tener una delegación mal ejecutada en la motivación y desempeño del equipo?

# Aplicación práctica 3. Liderazgo

## U. A. 8. ¿Qué es el liderazgo?

Durante una reunión semanal, el líder de un equipo multidisciplinar dedica los primeros minutos a escuchar activamente las inquietudes del grupo.

En lugar de responder con órdenes o soluciones rápidas, toma nota, reformula lo que ha escuchado y pide sugerencias para afrontar los retos. Adapta su estilo con cada miembro: con los más nuevos, da más guía; con los más veteranos, más autonomía.

¿Qué conceptos se están aplicando en este caso? Identifica al menos tres relacionados con el liderazgo y la comunicación y justifica tu respuesta.

## Aplicación práctica 4. Equipos de trabajo

U. A. 10. ¿Qué es un equipo de trabajo?

Una empresa crea un nuevo equipo para lanzar una línea de productos en tres meses. El equipo está formado por perfiles de diferentes áreas. El líder organiza reuniones iniciales donde se aclaran funciones, se establecen canales de comunicación y se definen roles.

También se decide que la información fluirá a través de tres vías: reuniones de coordinación (horizontal), *feedback* a la dirección (ascendente), y comunicados desde gerencia (descendente).

Rellena la siguiente tabla con base en el contexto planteado:

| Elemento de trabajo en equipo / comunicación | Acción aplicada en el caso práctico |
|---|---|
| Rol claro y complementario | |
| Comunicación horizontal | |
| Comunicación ascendente | |
| Objetivo compartido | |
| Confianza y normas | |

# Ejercicio de evaluación final

**1. ¿Cuál es uno de los principales objetivos de la motivación en el entorno laboral?**

a. Aumentar el compromiso y el rendimiento.

b. Generar conflicto productivo.

c. Evitar que los empleados trabajen en equipo.

d. Limitar la autonomía individual.

**2. ¿Qué describe el "contrato emocional" en una organización?**

a. El contrato firmado por recursos humanos.

b. El horario pactado entre empleado y supervisor.

c. Las expectativas implícitas entre empleado y empresa.

d. Las condiciones salariales publicadas.

**3. En el modelo de Maslow, ¿cuál es el nivel más alto de la jerarquía de necesidades?**

a. Estima.

b. Seguridad.

c. Autorrealización.

d. Pertenencia.

**4. ¿Qué busca el enriquecimiento del trabajo?**

a. Delegar tareas de menor valor.

b. Dar más variedad, autonomía y significado a las funciones.

c. Aumentar la carga de trabajo sin explicación.

d. Dividir tareas para reducir el compromiso.

**5. ¿Cuál es una característica del ciclo motivacional?**

    a. Finaliza con el conflicto interpersonal.

    b. Inicia con una necesidad no satisfecha.

    c. Se basa únicamente en estímulos externos.

    d. Es un proceso estático.

**6. Según la teoría de Herzberg, el salario es un:**

    a. Factor higiénico.

    b. Factor motivacional principal.

    c. Estímulo emocional.

    d. Recurso informal.

**7. ¿Qué implica una alta orientación a las personas en el liderazgo tridimensional?**

    a. Control total sobre el equipo.

    b. Recompensas exclusivamente materiales.

    c. Atención al bienestar, desarrollo y emociones del equipo.

    d. Aislamiento entre áreas.

**8. La inteligencia emocional incluye:**

    a. Autoconciencia, autorregulación, empatía y habilidades sociales.

    b. Solo habilidades verbales.

    c. Exclusivamente la motivación.

    d. Control mental sobre los demás.

**9. ¿Qué caracteriza a un liderazgo situacional eficaz?**

    a. Se adapta al nivel de desarrollo del colaborador.

    b. Utiliza el mismo estilo con todo el equipo.

    c. Evita el conflicto a través de la pasividad.

    d. Impone normas sin retroalimentación.

**10. ¿Qué tipo de motivación surge del interior del individuo?**

    a. Extrínseca.

    b. Intrínseca.

    c. Administrativa.

    d. Condicionada.

**11. Una organización con clima negativo tiende a:**

    a. Retener talento con facilidad.

    b. Aumentar la colaboración espontánea.

    c. Reducir la rotación de personal.

    d. Generar desmotivación y conflicto.

**12. ¿Cuál es una estrategia para fomentar la motivación del equipo?**

    a. Aumentar la presión constante.

    b. Centralizar todas las decisiones.

    c. Reconocer los logros de forma continua.

    d. Minimizar el diálogo.

**13. ¿Qué se busca al delegar autoridad?**

    a. Reforzar la dependencia del líder.

    b. Desarrollar autonomía y confianza.

    c. Evadir responsabilidades.

    d. Ocultar información crítica.

### 14.¿Qué canal de comunicación es más adecuado para transmitir emociones?

a. Interacción presencial o videollamada.

b. Manuales internos.

c. Tableros informativos.

d. Informes técnicos.

### 15.¿Cuál de las siguientes es una competencia del autoliderazgo?

a. Controlar a los demás.

b. Depender del supervisor.

c. Gestionar el tiempo y las emociones propias.

d. Rechazar el cambio.

### 16.¿Qué tipo de liderazgo es útil con un colaborador autónomo y competente?

a. Directivo.

b. Persuasivo.

c. Participativo.

d. Delegador.

### 17.El arte de escuchar implica:

a. Memorizar lo dicho sin mostrar interés.

b. Prestar atención activa y sin interrupciones.

c. Responder antes de que el otro termine.

d. Evitar el contacto visual.

### 18.¿Qué expresa la comunicación no verbal?

a. Solo información secundaria.

b. Mensajes racionales.

c. Emociones, actitudes y estados internos.

d. Argumentos lógicos.

**19.¿Qué permite la comunicación multidimensional?**

    a.  Silenciar la crítica.

    b.  Evitar el cruce de información.

    c.  Centralizar el poder informativo.

    d.  Flujo de mensajes en todas direcciones organizativas.

**20.¿Cuál es una función de la comunicación interna?**

    a.  Generar rumores.

    b.  Promover el aislamiento.

    c.  Fomentar la pertenencia y cohesión.

    d.  Reemplazar la gestión emocional.

# Solucionario

## U. A. 1. Acciones para motivar al personal

| | |
|---|---|
| **1.** c | **6.** b |
| **2.** c | **7.** c |
| **3.** d | **8.** b |
| **4.** c | **9.** c |
| **5.** a | **10.** d |

## U. A. 2. Enriquecimiento y alargamiento del trabajo

| | |
|---|---|
| **1.** c | **6.** b |
| **2.** c | **7.** b |
| **3.** a | **8.** d |
| **4.** b | **9.** c |
| **5.** c | **10.** b |

## U. A. 3. La influencia y la motivación

| | |
|---|---|
| **1.** c | **6.** c |
| **2.** c | **7.** d |
| **3.** b | **8.** c |
| **4.** a | **9.** b |
| **5.** b | **10.** a |

## U. A. 4. Las emociones

| | |
|---|---|
| **1.** d | **6.** d |
| **2.** b | **7.** c |
| **3.** b | **8.** b |
| **4.** c | **9.** c |
| **5.** c | **10.** a |

## U. A. 5. ¿Qué entendemos por trabajo?

| | |
|---|---|
| **1.** b | **6.** b |
| **2.** d | **7.** c |
| **3.** a | **8.** c |
| **4.** c | **9.** c |
| **5.** c | **10.** b |

## U. A. 6. ¿Qué es la satisfacción laboral?

| | |
|---|---|
| **1.** c | **6.** a |
| **2.** c | **7.** c |
| **3.** c | **8.** b |
| **4.** b | **9.** a |
| **5.** b | **10.** b |

## U. A. 7. ¿Qué es la delegación?

1. c
2. b
3. a
4. b
5. b

6. c
7. c
8. a
9. b
10. c

## U. A. 8. ¿Qué es el liderazgo?

1. a
2. b
3. c
4. b
5. d

6. b
7. c
8. c
9. c
10. b

## U. A. 9. ¿Qué es la comunicación?

1. a
2. b
3. b
4. b
5. b

6. c
7. d
8. d
9. c
10. a

## U. A. 10. ¿Qué es la comunicación?

**1.** a      **6.** d

**2.** b      **7.** b

**3.** b      **8.** b

**4.** c      **9.** c

**5.** c      **10.** c

# Bibliografía

## Monografías

GARCÍA SOLARTE, M., SALAS ARBELÁEZ, L., y AZUERO, A. R. (2021). Cultura organizacional y liderazgo de la pequeña y mediana empresa en Cali: Análisis desde el género del gerente. Facultad de Ciencias de la Administración de la Universidad del Valle.

> Este estudio analiza cómo el género del gerente influye en la cultura organizacional y el liderazgo dentro de las pequeñas y medianas empresas (Pymes). A través de una perspectiva de género, las autoras examinan las diferencias en estilos de gestión y cómo estas afectan la dinámica organizacional, ofreciendo una visión crítica sobre la participación femenina en roles directivos y su impacto en la estructura y cultura empresarial.

FERNÁNDEZ, I. (2015). Felicidad organizacional: Cómo construir felicidad en el trabajo. Ediciones B

> El libro Felicidad organizacional: Cómo construir felicidad en el trabajo, escrito por Ignacio Fernández y publicado por Ediciones B en 2015, ofrece una guía práctica sobre cómo las organizaciones pueden fomentar el bienestar subjetivo de sus empleados. Basado en investigaciones en psicología positiva y estudios de casos reales, el autor presenta un modelo de gestión que busca equilibrar la rentabilidad empresarial con la felicidad de los trabajadores, destacando que la conciencia y convicción de los líderes son fundamentales para generar un entorno laboral saludable y productivo

# Webgrafía

**Clima organizacional: ¿Qué elementos lo componen?**

https://www.integratec.com/blog/clima-organizacional-elementos-principales.html

**¿Cuáles son las teorías de la motivación?**

https://eepsicologia.com/teorias-motivacion-tipos-ejemplos/

**Delegación de autoridad**

https://www.euroinnova.com/blog/que-es-delegacion-de-autoridad

**La importancia del contrato emocional en la empresa**

https://corporateyachting.es/es/la-importancia-del-contrato-emocional-en-la-empresa/

**Liderazgo emocional: qué es y cuáles son sus beneficios**

https://www.therapyside.com/post-es/liderazgo-emocional-que-es-beneficios

**Liderazgo situacional: 4 estilos que los directivos deben conocer**

https://www.anahuac.mx/blog/liderazgo-situacional-estilos-que-los-directivos-deben-conocer

**Qué es el clima organizacional. Características e importancia**

https://www.questionpro.com/blog/es/que-es-el-clima-organizacional/

**¿Qué es un modelo organizacional y cuáles son los más habituales?**

https://cedec-group.com/es/blog/que-es-un-modelo-organizacional-y-cuales-son-los-mas-habituales

**¿Sabes qué es la pirámide organizacional de una empresa?**

https://pqs.pe/emprendimiento/sabes-que-es-la-piramide-organizacional-de-una-empresa/

**Técnicas de asertividad laboral. Ejemplos**

https://dkvintegralia.org/blog/tecnicas-de-asertividad-laboral-ejemplos/

**Tipos de motivación**

https://www.adrformacion.com/knowledge/habilidades-directivas/tipos_de_motivacion.html

**Trabajo en equipo en empresas: ventajas, herramientas y ejemplos**

https://asana.com/es/resources/teamwork-in-the-workplace

*Bibliografía*